我
思

敢于运用你的理智

唯识方隅

唯识学丛书

罗时宪 著

长江出版传媒 | 崇文书局

图书在版编目（CIP）数据

唯识方隅 / 罗时宪著 . —武汉：崇文书局，2021.9
（唯识学丛书）
ISBN 978-7-5403-6393-2

Ⅰ．① 唯… Ⅱ．① 罗… Ⅲ．① 唯识论－文集
Ⅳ．① B946.3-53

中国版本图书馆 CIP 数据核字（2021）第 146006 号

2015 年湖北省学术著作出版专项资金资助项目

我
思

敢于运用你的理智

唯识方隅

出 版 人　韩　敏
出　　品　崇文书局人文学术编辑部·我思
策 划 人　梅文辉（mwh902@163.com）
责任编辑　梅文辉
装帧设计　甘淑媛
出版发行　长江出版传媒｜崇文书局
地　　址　武汉市雄楚大街 268 号 C 座 11 层
电　　话　(027)87680797　邮政编码　430070
印　　刷　武汉市金港彩印有限公司
开　　本　880mm×1230mm　1/32
印　　张　7.25
字　　数　160 千
版　　次　2021 年 9 月第 1 版
印　　次　2021 年 9 月第 1 次印刷
定　　价　68.00 元

（读者服务电话：027-87679738）

序

　　《唯识方隅》是吾师罗孔章先生写给有志研寻佛家唯识学的一本极有深度的"入门著作"。全书共分四章：前导第一、诸行第二、真如第三、解行第四。目的在"辨说唯识要义，以晓初学"。本书《前导》与《诸行》两章，早于一九六八年在《法相学会集刊》第一辑发表，使学人于唯识义海之中得其津渡。及后罗师《成唯识论述记删注》分册出版，并亲为讲演。那时除《删注》外，其余有分量而不失慈恩家法的参考书实不易得，故王联章、刘万然、张汉钊诸君子倡议重印《唯识方隅》。于是在一九七八年，本书上卷便以单行本的方式流行于世，对钻研唯识学的人而言，自是一个极大的喜讯。

　　上卷《前导》一章，通过"三自性"的分析，辨解"空宗"与"有宗"的精神意趣，以统摄一切大乘教法。同时列举两宗的主要论籍，为欲探究空有两轮的学人，提供了最基本的资料。"空宗"以遮作表，"有宗"即用以显体；"空宗"亦名"中观宗"，"有宗"亦名"唯识宗"。本书既以《唯识方隅》来命名，故《前导》的后半部，便详述"唯识"的意义，以及"唯识学"的源流，即从教史角度，介绍"唯识学"的渊源、建立、承传与发展。至于《诸行》一章，则分别从"唯识学"中有关心识的"现行"与"种子"一显一隐的两个途径，剖析现象界的生成和变化，如是乃至心识的内部结构、心王与心所的相应关系、业感缘起等问题。其中不少的图解与表解，更是罗师对唯识理论加以综合与抉择的心得，给予学人莫大的开导与启示。

《唯识方隅》上卷流行了十多年，不少佛徒与学人亦赖此而得以窥见"唯识学"的奥义所在，对探研唯识学理获致很大助力。于此期间，罗师致力于《成唯识论述记删注》后数册的撰著与《现观庄严论略释》《瑜伽师地论纂释》等经论的著述，以致《唯识方隅》下卷尚未面世，因而学人对《真如》与《解行》两章亦唯有引领等待。

今年罗师自加回港，于百忙中完成了《真如》与《解行》两章，使《唯识方隅》一书，得以全部完成，闻者莫不雀跃称庆。《真如》一章，是对待于《诸行》而作。因为诸行是用，真如是体，用不离体，体不离用，唯其证体，然后大用的胜利始可获得，因此在《诸行》之后，别撰《真如》一章，以明真如的意义、体用的关系，乃至证会真如的方法和效益等。

佛家不尚空谈，尤重实践，所以在《诸行》与《真如》二章之后，撰述唯识学有关"知识论"与"实践论"的《解行》一章。"解"是"量论"，属"知识论"的范畴，"行"是

"修行"，属"实践论"的范畴，昔者熊十力先生著《新唯识论》，只及"境篇"，未成"量论"，所以多处嗟叹"量论未作"，引为毕生憾事。今罗师不但以轻盈的笔触，撰述"量论"的奥义，且把陈那、法称理论的精华，糅合成一个圆满的佛家知识论体系。只有掌握了这个体系，然后立正破邪，得其轨范，因此法称认为"知识是正确行为的先导"，这话实不我欺的！"知而不行，只是未知"，所以罗师在"量论"之后，旋即介绍唯识家的修行理论，其中包括修行的根基、修行的历程和修行的方法。使读者可以依循正确的途径，以达成知行合一、从闻思修到三摩地的修行证果之宗趣。

《唯识方隅》的《前导》《诸行》《真如》与《解行》等四章既成，则唯识思想在境、行、果三方面无不赅备，而撰述一气呵成，不必再有上、下卷的分别。因此今次付印，把上卷的旧文与下卷的新作，合成完整的一部，由陈琼璀女士负责校对，金刚乘阿阇黎吕荣光先生损资出版，分人以财，犹谓之惠，况玉成此法施功德，岂算数之所能及耶？读此书者，思念此书的殊胜因缘与作者的慈悲心血，想必能发心精进，毋负厚望！

弟子李润生敬序

公历一九九一年七月四日

重印《唯识方隅》序

　　大乘佛法思想的体系，近人太虚大师认为：可分作法性空慧、法相唯识及法界圆觉三宗，亦即中观、瑜伽及如来藏三系。这就中国佛学的发展来说，固然可作上述的划分。但若从印度大乘佛学思想的发展看，则正如唐义净于《南海寄归传》中说：不外乎中观与瑜伽两大主流，如来藏的学说只能视作大乘空有两宗思想发展过程中，为解释佛性存在问题而出现的探索时期的思想，而如来藏学说后来亦消融于瑜伽行派的学说中。此外，就思想的渊源说，大乘空有二宗均植根于阿含圣典，如来藏学说中的自性清净心观念却非渊源于原始佛教。其说虽有建立佛性存在根据的诚意，但却不免落入一元论的窠臼，未足以解释现实人生的真相。不若瑜伽行派的赖耶缘起说，一方面说明人生染污的现象，同时亦建立众生心识转染成净的依据。故此，大乘佛法思想的体系，实应以空有两宗为主流。

　　从历史发展的程序说，《解深密经》的三时判教正足反映中观思想出现于大乘佛教的初期，据《般若经》的奥义，直探缘起性空的实相，故其学说在思想史上自有不可磨灭的价值。但中观的教学方法着重排遣名相，扫荡情执，以显诸法实相非语言文字所可描述，亦超越一切相对的思惟概念。它的优点固能不须凭借繁琐的哲学概念，而能直显宇宙最究极的真理，但却往往非利根上智者不能领悟。末流所及，便容易堕于虚无主义，以致否定宗教道德的存在价值。这在晋隋间的译典如竺法护译的《济诸方等学经》及毗尼多流支译的《大乘方广总持经》，以至唐贤的经论注疏中均时有论及。瑜伽学派的法相唯识说便是在这种思想背景中继空宗而兴起，一方面集部派中说一切有、经量等部精粹，疏解无我而有业感流转的疑难；另一方面，以赖耶缘起、万法唯识的理论，挽救大乘空宗末流恶取空者的弊端及如来藏学说的阙失。而就思想发展的必然轨迹来说，中观学派开始着重平面的理智证验，瑜伽学派则发展至立体的心识净化要求。不但切合人生渐进的修养次第，同时亦兼顾到宗教思想发展中对理论与实践不同层面满足的必要。

中国法相唯识思想的传述，前后有真谛、玄奘新旧二译，而以玄奘的新译最能显明瑜伽行派的真义。玄奘的学系，直承印度护法、戒贤一系，与慈尊、无著、世亲、陈那一脉相承。但奘师重于译业，对唯识思想在中国的推广弘扬，则功在窥基、慧沼、智周慈恩三祖。当时影响所及：南山道宣依据唯识义理，以思心所种子为戒体，建立"心法戒体论"，其四分律学因此凌驾于相州法砺、东塔怀素之上而独盛于中国。法藏贤首虽提倡华严五教以抗衡唯识的深密三时，但据近人吕澂考证，其判教及观行的理论，却颇有因袭唯识之嫌；及至清凉澄观撰述《华严大疏》《随疏演义钞》，对唯识义理的采撮更多，故论者以为其说与法藏已相径庭。南北朝以来盛行的摄论师及俱舍师，由于玄奘重译二论，纠正前代误失，从此《俱舍论》成为唯识学者兼读以明学统源流之书，《摄大乘论》则更成为此宗学者入门的必修典籍；于是摄论、俱舍二师从此便并归唯识一系。自西方净土法门盛行以来，历代各宗学者对弥陀净土属于报土还是化土的解说，颇有分歧，摄论师提倡"别时意说"，对弥陀净土的弘扬打击尤大，及至唐代唯识诸师，提倡弥陀净土兼具报化二种，并以诸佛菩萨净识净种建立净土加以解说，西方净土法门的理论基础才得巩固。此外，藏密黄教宗师宗喀巴所著的《菩提道次第论》中，盛弘止观之学，其中颇多取材自《瑜伽师地论》，虽非受中土慈恩诸师的影响，但与唯识思想关系的密切，亦可见一斑。至于唯识思想对后代中国思想界影响的事例，亦俯拾即是：如晚明王夫之作《相宗络索》，对唯识学说，颇有契会；清人龚自珍作《发大心文》，更引用因明三支比量；清末谭嗣同著《仁学》一书，涉及唯识义理尤多；近代朴学大师章太炎，更以唯识义理疏释儒道诸家，所著《齐物论释》《诸子略说》最为显著；熊十力著《新唯识论》等书，以创立新儒学自居，但其渊源唯识甚为明显，难脱儒表佛里之讥。凡此种种，皆可见唯识一宗于佛教内外，影响极为深远。欧阳竟无先生说"学莫精于唯识"，实非虚语。

　　唯识学说能在中国哲学思想史上造成如此深远的影响，玄奘、窥基等慈恩宗匠功不可没。但近年却有人以为奘师对唯识典籍的翻译有根本上的误失，那就是认为玄奘未能把唯识应作"唯表"的原义译出。其理由是根据早年法国学者莱维（S.Lévi）发现《唯识三十颂》安慧注释的梵文本中对"唯识"一词的用语是 Vijñapti-mātra 而非 Vijñāna-mātra。考 Vijñāpti 为 Vijñāna（识）字的过去分词，仍然具备"识"的含义，亦可作较丰富的解释：如日人荻原云来主编的《梵和大辞典》中即列显现、表象、了别等多种含义。而唐贤诸师则多抉取其"了别"义，如窥基《成唯识论述记》卷一序中即说："唯谓简别，遮无外境，识谓能了，诠有内心。"其实，"显现"义说明第八识相分的作用，"表象"义则说明前七识相分的作用，"了别"义正足以说明各识见分的作用，各种含义皆是就识上的不同作用而划分。所谓摄境从心、舍末归本，以"识"为"了别"义，最能说明唯识思想的立场。且 Vijñāna-mātra 一词含义颇丰，岂非"唯识"一词最能概括。事实上，玄奘于其翻译的《解深密经·分别瑜伽品》及《摄大乘论·所知相分》中不是明言"我说识所缘，唯识所现故"。可见玄奘对"识"具备显现、表象等各种含义亦甚明了。况且"唯识"一词亦非始创自玄奘，自菩提流支、真谛以至义净诸大译家均沿用不替。同时我们亦无从得知玄奘当时所据的梵本是用 Vijñapti-mātra 抑用 Vijñāna-mātra 一词。此外，日本学者长泽实导在《瑜伽行思想与密教的研究》一书中，专章解释 Vijñapti 与

Vijñāna 二字的含义，明言 Vijñāna-mātra 一词之意为"唯了别"。长泽氏曾为日本大正大学佛教学研究室主任教授，精研梵文，其说当有根据。而其他对唯识有研究而兼通梵文的日本著名学者如结城令闻、山口益、胜又俊教等均不敢轻言玄奘所译"唯识"一词有误。可见以"唯识"一词应用"唯表"的说法，实属误导，而假若以此试图贬低慈恩一系对唯识思想的贡献，更属罔顾历史事实，不负责任的做法。

唯识思想自慈恩诸师振兴一时，于唐中叶以后，由于战乱频仍，典籍散失，教下诸家均以研究典籍为主，缺乏安定的环境及完备的资料作为研习的条件，不免衰落。沉璧千载，直至清末杨仁山取籍东瀛，重刻唐贤诸疏，唯识思想才具备复兴的契机。而近代弘扬唯识最有力的：南有欧阳渐，北有韩清净，中有沙门太虚。(其中欧阳竟无、太虚均曾受学于杨仁山所创立的祇洹精舍。)而三人对唯识的研究均以慈恩诸疏为依归。业师罗孔章先生早岁皈依太虚大师，亲蒙指点汲取唐贤精义之道。为学则私淑欧阳竟无先生，得支那内学院治学的真髓。而罗师的重要著述如《能断金刚般若波罗蜜多经纂释》《成唯识论述记删注》均娴于排比古疏、抉择精义，其严谨细致处则又有异于欧阳氏及虚大师，而隐然得韩清净氏之余绪。故罗师可谓集近代唯识学三大宗匠的精粹，远绍慈恩宗风，中兴唯识学于岭南的第一人。先生治学严谨，悲心度世，三十年来讲学著书不辍，使研习唯识学者，蔚然成风。先生于授学过程中，深感唯识典籍浩瀚，名相繁多，初入门者每每望洋兴叹，莫知所从。故特撰《唯识方隅》一书，使初学者有所依循。全书分前导、诸行、真如、解行四章，囊括唯识学基本要义，并叙其发展源流，条理分明，言简意赅。自清末以来，唯识入门书籍虽多，以此书资料最为完备、家法最为纯粹、抉择最为精当，是最理想的入门要津。前二章于十八年前初载于《法相学会集刊》第一辑，于八年前影印单行本流通，早已不敷应用。后二章因不便初学，迄未刊行，闻先生亦有意于日内整理成篇，以补完璧。但目前研习唯识学者日众，亟需入门要籍以作南针，故特恳请先生俯允先将前二章略作修订，重新排印，刊行上编，以便初学。并得普明佛学会诸友好襄助印务及校对事宜，各同门及教内善信发心随喜，使是书得以顺利重印流通。谨愿以此印书功德回向先生：

健康长寿、福慧庄严、久住世间、嘉惠群生！

受业王联章敬识

佛历二五三零年八月

目　录

目　录

本篇依四门解说唯识要义，以晓初学：一、前导，二、诸行，三、真如，四、解行。

（甲一）前导分三：乙一、三自性与空有，乙二、唯识一词之意义，乙三、唯识学之源流。

（乙一）三自性与空有

佛家大乘经典卷帙虽多，论其要义，不外空有两轮。（"轮"是印度古代的武器。佛说法能摧破邪见，故以轮为喻。）后人依此两类经典而建立之大乘学，遂有空、有两宗。

今先说空、有两轮，次说空、有两宗。

大乘经何以分空有两轮？欲解答此问题，宜从三自性说起。（三自性亦称三自相；梵语性、相二字互训，自性就是本质，自相就是本身的状态。）

依《解深密》《楞伽》等经，一切法之本质或本身的状态有三种：一、遍计所执自性，二、依他起自性，三、圆成实自性。兹先说一切法，再解释三自性。

一切法者：《成唯识论》（以下简称《识论》）云："法谓轨持。"法字含有二义，一是"轨"义，二是"持"义。轨是轨范；有自己的轨范，可令他生解，名轨。持谓任持；能任持其自相而不失，名持。凡具有此二义者，皆名为法。如笔有笔之轨范，始能使他人生起知解而知其为笔；又此笔必须能任持其自相而不失，否则忽而为笔，忽而为非笔，吾人便无从认识之矣。又如数学上之零，有零之轨范，及任持零之自相：故零亦是法。故法是一切事物之公名，不止任何现象可称法（如称物质现象为色法，称精神现象为心法等），即宇宙实体亦称为法（无为法）。故一切法者，乃宇宙万有之总称。

遍计所执者：谓能知之心对所知之境周遍计度，于无处执以为有，或于有处执以为无。自性者：性字在佛书中有多种意义，常用者有下述三义。一、是体义，质义；如呼宇宙实体曰法性（意为一切法之实体）、唯识实性，呼事物之本质曰自性（如说作意以警心为自性，想以取像为自性等）等是。二、是德性义，性类义，如言善性、不善性等是。三、性相二字互训，如呼自相（自身的状态）亦为自性是。今言自性，是本质（第一解）义，或本身状态义（第三解）。若法无实体质，亦无实作用，只由能知之心周遍计度而执为实者，名为遍计所执自性；如黑夜见绳而执为蛇，于五蕴和合的假体而执为实我等是。此遍计所执之法，本不存在，说之为空。（唯识家说"空"义，与中观家有出入。关于中观家说"空"字的意义，见下文所列举《摩诃般若波罗蜜多经》第九会下。）

依他起自性者，即众缘和合所生之法。"他"谓众缘。若法，虽无一、常的（独立而不分割之谓一，不变之谓常）自性，然依众缘和合而有相、用显现，即此相、用之上而假说为某法之自性；此种假说的自性，依仗他缘而有，非自然有，是为依他起自性；如五根、五境及诸心、心所等是。此自性由众缘所决定，无实自体，不可说空，故是幻有。

圆成实自性者，即是真如（真如谓宇宙实体，义见后）。圆为圆满，是周遍义；成谓成就，是恒常义；实谓真实，是不虚妄义。"圆"以简别于自相（此指因明中前五识现量所取色、声、香、味、触之自相）。诸法自相，局限于一法之自体，不通于余法，便非是圆。真如体性周遍，无处不在，无时不在，故说为圆。"成"以简别于生灭；生灭虽遍于万象，然生灭之法是刹那刹那生灭变化，非实在，不名成就。真如体恒常，不生不灭，故说为成。"实"以简别于我与虚空；世人所执之我，小乘所执之虚空，虽说是遍，是常，然不可证会，故是虚妄，即非真实。真如体性真实，是无分别智所证境界；故说为实，即是实有。

此三自性之名义，上文已大略说明。次应分辨其德性。一切法各各有其德性。德者得也，即某物之所以得成为某物的标志。如白纸之所以得为白纸者，以具有白德故；善人之所以得为善人者，以具有善德故。佛家将一切法之德性，分为有漏、无漏二种。漏是烦恼及烦恼种子之总称（烦恼及种子义见后）。有漏一名具有三义：一、为烦恼种子所随逐，二、不能对治烦恼，三、与烦恼互相依倚而生。有漏亦名杂染，无漏亦名清净。三自性之德性，遍计所执唯是有漏；依他起自性具有漏、无漏二种；圆成实自性唯是无漏。

若从体、用门解说三自性，则圆成实是体，即宇宙实体；依他起及遍计执是体上之用，即一切现象。

兹将三自性就德性及体用二门表摄如下：

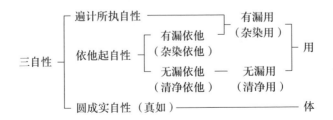

诸经论中，亦有将无漏依他摄入圆成实自性者。如下：

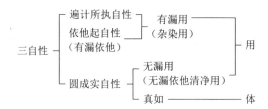

三自性既明，则空有两轮之意义可得而解释。

依唯识义，圆成实性是无分别智所证境界，非语言所能诠表，亦非寻思所能把捉；故不可说。于不可说之处而欲令众生悟入，则非有方便善巧不可。何谓方便善巧？非究竟之谓方便，无过失之谓善巧。佛陀说法，力求以方便显示究竟，而又无过失。此方便善巧之门有二，即是空、有两轮。空轮破除遍计所执，以遮（否定）作表。有轮即用显体，广辨依他起性。所谓以遮作表者，谓意识周遍计度，执染净诸法，不如其分（于无处而增益之，于有处而损减之，是谓不如其分），遂成大病；故必遮破之，而后圆成实性方能显露也。所谓即用以显体者，谓依他起性之法，有造作，有生灭，无一（独立）常（固存）之自性，唯是实体上之用；体与用不相离，故得藉用以显体也。（参考欧阳渐《唯识讲义》一。）

修学大乘，须依据经典。兹列举空、有两轮主要经典如后。其不以义理为主者，如《称赞净土佛摄受经》《阿弥陀经》等，或所说义理通乎两轮者，如《法华经》《大涅槃经》等，皆未列入。若有数种译本，则取最佳者。经疏价值不大者不取。

空轮

《摩诃般若波罗蜜多经》六百卷，玄奘译。本经是般若经之经集。般若经究有若干种，迄今无法确定。玄奘所译之今本，是当时印度般若学者所编集而成（或以为是玄奘所编，未可信）。全经共十六会（集会十六次）。首五会是根本般若经，其余为杂类，称为杂般若经。根本五会内容相似，仅文字详略不同。可能于佛所说同一之教法因结集之人不同，而有详略也。在首五会中，第一、第二会最齐备，故较重要。

第一会：梵本有十万颂，汉译四百卷，近四百万字，占全经三分之二。全会大义：以六度涵摄境、行、果，复以一般若度涵摄六度，以明一切法之性空如幻。而境、行、果又各有所涵摄：境摄蕴、处、界、缘起，行摄菩提分、四静虑、四无色定、八解脱、八胜处、九次第定、十处，果摄三身、四智、十力、四无畏、四无量、六神通、十八不共法、三十二相、八十随好，皆极详尽。慈氏作《现观庄严论》，亦释此会。

第二会：梵本二万五千颂。前半谈法性，后半说功德；皆就如幻义以显说。十六会中，此会最胜，且广略适中。世称此会《大品般若》，龙猛作《大智度论》以释之，慈氏《现观庄严论》，亦以判释此会为主。在中国，西晋无罗叉共竺叔兰译之《放光般若经》竺法护所译之《光赞般若经》及姚秦鸠摩罗什译之《摩诃般若经》皆与此会同本。

第三会：梵本一万八千颂，内容与第二会开合不同。

第四会：梵本八千颂，内容与第二会相似，而陈义较略，故世称《小品般若》。慈氏《现观庄严论》亦释此会。在中国，第一个译大乘经者为支娄迦谶，其所译之《道行般若经》，即相当于此会，姚秦鸠摩罗什译之《小品般若经》亦是此会。

第五会：梵本四千颂，较第四会内容相似而陈义更略。

第六会：《胜天王般若经》。此会有陈婆首月那之异译。

第七会：《文殊般若经》。异译有萧梁时曼陀罗译及僧伽婆罗译，共二种，皆不重要。

第八会：《濡首分卫经》。异译有刘宋释翔公本，不重要。

第九会：此分分量最少，梵本只三百颂。又名《能断金刚般若波罗蜜多经》。有无著释、世亲释、窥基赞述。别有罗时宪纂释，可供初学阅读。此分分量虽少，却能涵摄根本般若之重要义理，故在印度及中国皆受人重视。内容二十七个主题总括全部般若经之要义。通过此二十七个主题，极易掌握般若之要点。般若诸经不外说明"性空幻有"之理。所谓"性空"，即是说一切现象都无实在的自体。但空非虚无，假有的现象依然存在，即所谓"幻有"是也。幻有含有二重意思：（1）幻有并非无有，只是对于实有而说其为非实在的；（2）幻有非凭空而现，须因缘（主因为因，条件名缘）聚合而后生起。所以般若思想是由一双范畴——性空、幻有——所构成，不能单执著某一方面。此经全部皆谈"性空而幻有"之问题，经末以一颂总结一经之旨趣云："诸和合所为，如星、翳、灯、幻、露、泡、梦、电、云。应作如是观。"异译有（一）姚秦罗什，（二）元魏菩提流支，（三）陈真谛，（四）隋达摩笈多，（五）唐义净本。

第十会：《般若理趣经》。有窥基述赞。

第十一会：布施分。

第十二会：净分。

第十三会：安忍分。

第十四会：精进分。

第十五会：静虑分。

第十六会：般若分。

（以上参考欧阳渐《唯识讲义》一及吕澂《印度佛学源流略

讲》第三讲。）

《了义般若波罗蜜多经》一卷，施护译。

《五十颂圣般若波罗蜜多经》一卷，施护译。

《帝释般若波罗蜜多经》一卷，施护译。

以上三种皆《大般若经》附庸。

《般若波罗蜜多心经》一卷，玄奘译。除经末一咒外，所有文句皆从《大般若经》摘出。文约义富。有姚秦罗什、宋施护多种译本。

《思益梵天所问经》，罗什译。此经于般若作补充，然亦重要。

此外有《仁王护国般若波罗蜜多经》二卷。此经或以为伪托（见李翊灼《佛学伪书辩略》）。须待考证。

有论

《解深密经》五卷，玄奘译。此经有四译：一、元魏菩提流支译，名《深密解脱经》。二、刘宋求那跋陀罗译，名《相续解脱经》。三、陈真谛译，名《解节经》。四、唐玄奘译，名《解深密经》。奘译最佳。此经说境、行、果赅备，内容总有八品。除序品第一外，余七品各辨一义，而以境、行、果摄之；第二、胜义谛相品，明胜义境；第三、心意识相品；第四、一切法相品；第五、无自性相品，此三品皆明世俗境；第六、分别瑜伽品；第七、地波罗蜜多品，此二品明行；第八、如来成所作事品，明果。以唯识为中心，而兼融空、有。为一极完善之大乘佛法概论。有宗所据经典虽有多部，然以此经特为其本。有圆测疏及欧阳渐集注。前者被称为佛门至宝。

《入楞伽经》七卷，实叉难陀译。经有三译：刘宋求那跋陀罗译，名《楞伽阿跋多罗宝经》。元魏菩提流支译，名《入楞伽经》。唐实叉难陀译，名《大乘入楞伽经》。唐译较好。大乘有宗义理，分法相、唯识二门，此经谈五法、三自性，是法相义之所本；谈八识、二无我，是唯识义之所本。有欧阳渐疏决。

《华严经》八十卷，实叉难陀译。本经有七处八会。中国译本有东晋佛陀跋陀罗之六十卷及唐实叉难陀之八十卷本。后者内容较完备，有三十九品。原本究竟有多少卷，现已无法知悉。据传说，本经有广、中、略三种本子，中国所译者是略本，犹有三万六千颂云。东汉时支娄迦谶所译之《兜沙经》(兜沙之义为"十"，以经中所言者皆是十数之法故)，即后来大部中之序品(名号品)。经中说种种之十法，十方皆有佛刹，菩萨经历六种十法阶次(十住、十行、十无尽藏、十回向、十地、十定)，乃得成佛。故本经所明者为大乘行果，是空有两宗言行果之所本。此外，西晋竺法护所译《渐备一切智经》即此经之《十地品》。此品单行别名《十地经》。经中阐述菩萨如何入地、住地、出地及不断胜进等问题。将十地与菩萨行之十度相配合。在第六地中更明示"唯心"思想。在小乘教中所避谈之宇宙本质问题，本经皆有显的说明，即"三界所有，唯是一心"(唐译《华严》三十七，《十地品》)是也。又佛家以十二有支总括人生一切现象，而本经则谓"十二有支皆依一心"(唐译《华严》三十七，《十地品》)。如是，以唯心说明宇宙与人生之原理，为后来大乘唯识宗义之依据。有澄观之《华严疏钞》，学者可披沙取金。

《密严经》三卷，地婆诃罗译。或译为《厚严经》。谈阿赖耶识；于境、行、果中，多说境义；为唯识义之所本。

《菩萨藏经》二十卷，玄奘译。即《大宝积经》之《菩萨藏会》，于大乘有轮大义，抉择赅备，为法相义及唯识义之所本。

《佛地经》一卷。明佛地功德及种性义。有亲光释论。

《胜鬘经》一卷，菩提流支译。即《大宝积经》之《胜鬘夫人会》。内容主要在谈佛性，特别以如来藏为主题。此外并说三乘归于一乘之义，有窥基述记。

《无上依经》二卷，真谛译。与前经性质相似。

次说空、有两宗。

龙猛（旧译龙树）、提婆，依《大般若》等经（空轮），造《智度》《中观》《百论》等论，是为大乘空宗。以其空一切情见之封执以显法性，故名空宗，亦名法性宗。法性者，宇宙之实体，即真如也。此宗又名中观宗，则从龙猛之《中观论》得名。

无著、世亲，远宗《深密》《楞伽》等经（有轮），近承慈氏（弥勒）所说《瑜伽师地论》（以后简称《瑜伽论》）等，以造《显扬圣教论》（以后简称《显扬论》）、《唯识三十颂》等，是为大乘有宗。以其建立种种法相，解释宇宙、人生道理，有则说有，无则说无（有体有用名有，无体无用名无），力矫空宗末流之弊，故名。但此宗说有，乃空后之有，不同上座部等执为定实的有；故不惟不背于《般若经》及龙猛说空本意，反顺成之。又此宗辨析一切法相，令学者了知法相皆无自性，而见其为实体之显现；及了知此无自性的法相，唯是诸识所变，而诸识即实体上之用故；故亦名法相宗。（相者，相状，或体相义，法相，指现象界而言。）复有瑜伽宗、唯识宗等名，则从慈氏之《瑜伽论》及世亲之《唯识三十颂》立名。

佛法入中国后，国人又建立天台宗、华严宗及禅宗等。天台宗出自龙猛、罗什系统，是空宗之支流；华严宗由地论、唯识演变而成，亦无著、世亲之余裔。禅宗初祖达摩教二祖慧可以《楞伽》印心，六祖说三身、四智及含藏识，则本诸唯识；五祖以《金刚般若经》教六祖，六祖又喜谈般若，则源于空宗；至其不立文字，则出于空、有两宗废诠会旨及胜义离言之意；从任何角度言，皆不能越出空、有两轮之范围。

空、有两宗重要论籍略如次表：

空宗论

《大智度论》一百卷，罗什译。龙猛释《大般若经》第二会（大品般若），引用经文而逐段加以解释。内容博大精深。据传此书前三十四卷对《大品般若》第一品之解释全译无缺，从第二品起，则仅择要译出。此书现仅存汉译。近人有疑此书非龙猛所作者，然无确切之证据。

《中观论》四卷，罗什译。龙猛造颂，青目作释。又简称《中论》。此论依《般若经》，以"八不"为中心，发挥性空缘起中道之理。性空则非有，缘起则非无，远离有无二边，故云中道也。小乘之论中只破外道封执以显中道实相（实相即实性）。并不同于否定一切之虚无主义。盖有为是之因，为是之众缘，即能幻生为是之法。故龙猛学说有破有立。然只是以破为主，以破为立耳。书共二十七品，其中二十五品则以破他的方式出现。有吉藏疏。（凡言有某某疏等，多是陈义不谬，堪为依据者。下准此。）

《十二门论》一卷，罗什译。本颂及释皆龙猛造。是《中论》入门之书，破小乘遍执而显自义。《中论》二十七品，此论只有十二门，十分精要。梵文原本至今尚未发现，现仅存印度国际大学一九五四年将汉译还原之梵文本。有吉藏疏可读。

以上为空宗根本论籍。

《百论》二卷，罗什译。此书仅存汉译。提婆造本论以破斥一切有所得的邪见。婆薮开士作释。提婆之主要著作多以"百论"标题，如西藏现在译本之《四百论》及玄奘所译之《广百论》及此论皆是。"百"者，梵文为 Śataka，有"一百"及"破坏"二义。就形式言，颂数有百或百之倍数，不论句之长短，满三十二字为一颂，乃计算字数之单位；就内容言，破坏异说；故多标"百论"也。今论有十品（原为二十品，译者以为后十品无益此土，故阙而不传），是用极简略之素呾缆（非三藏中之经，同名而异实）写成。今人以此论为《四百论》入门之作，犹龙猛《十二门论》为《中论》入门之作也。罗什译本论时，连释论一并翻译。婆薮开士即世亲（婆薮槃豆），一说别为一人，待考。其破斥方式为破而不立，于每一品中先设立一主题以代表邪说，然后加以驳斥。

《般若灯论》十五卷，波罗颇蜜多罗译。清辨（分别明）释龙猛《中观颂》，较青目释详。辩难多准因明。惜译文不畅，又无疏释，使人却步。

《掌珍论》一卷，玄奘译。清辨破有宗护法之说。欲知空、有之争，必读此论。

大乘空宗自提婆以下，两传而至僧护。僧护门下有佛护、清辨二家。佛护破他，喜用难破，而不列举因明论式，两传至月称，祖述其说，后人称为随应破派（随其所应加以质难，迫使堕过）。清辨不然，立义与破他，悉准因明，后人称为自立量派。

以上二论自立量派之重要著作。

《入中观论》，法尊译。月称作此以释《中观》要义，后人视此为月称之代表作。其说入观次第，切要无比。其破唯识处，多中有宗末流之弊，足为警策。

此论是空宗随应破派之重要著作。

《现观庄严论略释》，法尊译。本颂慈氏造，释《大般若经》

第一、第二、第四会：以三智为境、四加行为行、法身为果，共八事以纶贯经义，若网在纲；而八事中又各有所涵摄，共摄七十义。使读《大般若经》者由此能得其统绪。昔在印度，此颂为大乘空、有两宗共依之圣典。其影响力远在龙猛《大智度论》之上。释论是译者凭师说编译。译文颇艰涩。

《顺中论》二卷，瞿昙般若流支译。无著释《中观颂》八不之义。

《中观释论》九卷，惟净译。安慧依有宗义释《中观颂》密意。空宗清辨之徒不服，竟生非难。空有之争由此书引起。

《广百论释论》十卷，玄奘译。圣天（即提婆）造本颂，护法依唯识义为之作释。论难全准因明。译文极佳。

以上为有宗学者释《般若经》及释空义之作。

<u>有宗论</u>

《瑜伽师地论》一百卷，玄奘译。慈氏说，无著述。为有宗一切义理及观行之依据，博大精深，允为宗极。论有五分：第一、《本地分》，以十七地明境、行、果，多谈法相义。第二、《摄决择分》，决择《本地分》中深隐要义，多谈唯识。余三分附庸而已。有窥基略纂，遁伦记，清素义演，韩清净科记。

《显扬圣教论》二十卷，玄奘译。无著节略《瑜伽论》精义而成此论。总摄法相、唯识二门义。又论中详释空与无性，阐发现观瑜伽，为此宗止观根本典籍。

《大庄严论》十三卷，波罗颇蜜多罗译。慈氏本颂，世亲释论。为《瑜伽菩萨地》之羽翼，独被大乘，属唯识义。

《辨中边论》二卷，玄奘译。慈氏本颂，世亲释论。由下三事应知本论之重要：一、空宗谈中道，有宗亦谈中道。空宗谈中道以《中观论》为代表，有宗谈中道则以此论为代表。二、《中论》谈中道，遮外道小乘之有执以显实体，以遮作表。此论谈中道，遮空宗末流之恶取空，以明体用之非无，亦遮亦表。三、此论法相赅备，始末井然，大小乘义兼备，为法相学之根本。有窥基述记。异译有陈真谛之《中边分别论》。

《阿毗达磨杂集论》十六卷，玄奘译。安慧糅无著《集论》及师子觉《释论》为一部。括《瑜伽论》一切法门，诠《阿毗达磨经》所有宗要，详辨五蕴、十二处、十八界等法相；以蕴、处、界摄识，识与余法平等排列；大、小齐被；属法相义。有窥基述记。

《五蕴论》一卷，玄奘译。世亲造。以五蕴摄识，诸法平等。为法相入门之书。有安慧《广五蕴论》（地婆诃罗译）。

《摄大乘论》三卷，玄奘译。无著造论，授世亲使作释（玄奘译，十卷），以境、行、果三，摄大乘学尽。境中，建立赖耶为所知依，三自相为所知相。简明赅备，无与伦比。然不被凡小，属唯识义。世亲释外，复有无性释（玄奘译，十卷）异义纷披，可资参考。今人王恩洋撰之《摄大乘论疏》可读。异译有陈真谛之本论及世亲释论，又佛陀扇多译之本论及隋达磨笈多译之世亲释论。

《二十唯识论》一卷，玄奘译。世亲造本颂，复自作释。设七难，一一解答，以成立唯识。有窥基述记。

《成唯识论》十卷，玄奘译。玄奘、窥基糅译印土释世亲《三十颂》者十大家之文，而以护法为指南，故题云护法等造。论引六种经、十一种论，以相、性、位三分成立唯识。一切不正义、不备义，入此更无安立余地。博大精微，于斯观止。唯识学至此，遂达极峰。窥基于参糅之余，将玄奘所传口义，参以己意，编为《述记》。《述记》不尽之义，则别为《枢要》《别钞》《料简》三书，以补充之。故欲通此论，必读《述记》等书。

《百法明门论》一卷，玄奘译。世亲造。将《瑜伽论·本地分》中所有名数，略为百法（其删略原则，依无著之《显扬圣教论》）。百法之中，又以识贯余法，唯识独尊，属唯识义。有窥基解及昙旷义记等。

以上为一本十支。《瑜伽》为一本，余九为支，尚有《分别瑜伽论》一支，未译。

《成业论》一卷，玄奘译。世亲造。谈业种子。有此论，然后种子义完备，而因果流转之理得以解释。又大小乘学人皆应持戒：戒有戒体；戒体之解释亦应依据此论。

《现观庄严论略释》四卷，法尊译。此论代表有宗之般若学，余见空宗论。

以上有宗主要论籍。

《因明正理门论》一卷，玄奘译。陈那革新因明，此论为其最重要之著作。

《集量论释略钞》，吕澂译。《集量论略解》，法尊编译。陈那造集量颂，并自作释。吕澂、法尊各译本颂并节译释论（吕译名《集量论释略钞》，法尊译名《集量论略解》）。读此可知识体三分说之所本，及陈那量论之概略。二家译文宜对读。

《观所缘缘论》一卷，玄奘译。陈那造。立量破外所缘缘，并成立内所缘缘。有护法释（义净译）。

《佛性论》四卷，真谛译。世亲造。明佛说一切众生皆有佛性之所由等。

《因明入正理论》一卷，玄奘译。陈那弟子商羯罗主绍述师说而著此论,作因明之阶渐,为正理之源由,有窥基疏可为依据,复有轨疏可供参考。

以上六种为附庸。

（乙二）唯识一词之意义

"识"是了别义,即是众生所有的了解辨别之力。"唯"是遮遣之词。《成唯识论述记》(以后简称《识论述记》)一云:"'唯'遮境有,执有者丧其真。""遮境有"者,即是否定离识独在的境。又云:"'识'简心空,滞空者乖其实。""简心空"者,"简"是简除,心是识之别名,即谓众生之识,虽是无常之法,且待缘(展转为缘)始能生起,然不是无。故唯识一词,只遮离识独在的世界,并不否定宇宙万象及其实体之存在,但不离识而已。(参考《百法明门论》及《识论》七。)

又若单言"识",在梵语有二字,一为 Vijñāna,乃众生之了别力,即眼等八个识是。二为 Vijñapti,则具含"了别"及"显现"两义。今唯识之"识"字,乃 Vijñapti 而非 Vijñāna。而"唯识"一名梵语为 Vijñapti-mātra,则为"唯识显现"之义也。(今人以为 Vijñapti-mātra 应译"唯表",而菩提流支、真谛、玄奘、义净四位三藏法师皆误译为"唯识"者,此乃未经深思熟虑而轻下断语者也。且如 avijñapti-rupa 奘师译为无表色;岂不知 Vijñapti 有"表"义耶?是知于此译"识",于彼译"表"者,必有所抉择也。)

（乙三）唯识学之源流分三:丙一、唯识学之渊源,丙二、唯识学发展之过程,丙三、传承。

（丙一）唯识学之渊源分四:丁一、所依经典出于杂藏,丁二、第七识之建立与《解脱经》之关系,丁三、种子之建立与小乘论藏之关系,丁四、第八识之建立与小乘经论之关系。

（丁一）所依经典出于杂藏

唯识学说虽有其独特之处，但在其成立之过程中对其先行的学说（小乘经论）必有所继承与抉择。又此学虽出自印度，而弘传于东土，且集印度诸家之大成者，实为唐代玄奘、窥基等人。（南朝真谛亦传唯识古学，但义理组织未臻完密。）自慈氏、无著以迄窥基，历时千年；其间圣贤辈出，著述丰富，往往前修未密，后出转精。学人于研寻义理之先，对于此学之渊源、发展过程与师资相承，皆宜略知大概。

唯识学可从两方面追溯其渊源：一、所依之经典，二、所建立之法相。

先说所依经典：

小乘教法，于经、律、论三藏之外，复有杂藏。依玄奘《大唐西域记》所传，佛既涅槃，大迦叶与长老千人，在毕钵罗窟结集法藏，命阿难陀集素呾缆藏（经藏），命优波离集毗奈耶藏（律藏），迦叶自集阿毗达磨藏（论藏），是为上座结集。其不得参与窟内结集之大众数百千人，更于窟外结集，别为素呾缆、毗奈耶、阿毗达磨、杂集、禁咒五藏。又现传汉译《摩诃僧祇律》是根本大众部律（一说是根本上座部律），亦传第一次结集时有杂藏。又现存汉译《增一阿含经·序品》亦言有杂藏。综合上述三种典籍观之，则知根本大众部确有杂藏，且成立甚早。（是否在第一次结集时诵出，则现时尚未能确定。）

杂藏之内容如何？《增一阿含经·序品》云："契经一藏律二藏，阿毗昙经为三藏。方等大乘义玄邃，及诸契经为杂藏。"故知杂藏乃大乘经之所从出。然何以说杂藏是大乘经之所从出，而不言杂藏即大乘经耶？曰：杂藏结集之时，距佛涅槃不远，所用文句必极简朴，一如四《阿含经》；但今大乘经多有经后人藻饰渲染之处，故不可言杂藏即现时流行之大乘经。

存于杂藏中之"方广大乘"教法，在佛灭后第六百年末之前已陆续分出，成为单行本而流传于世。故龙猛出（其活动在佛灭后第六百年至第七百年间），得发见《般若》《华严》等经，因以提倡大乘。但此种单行的大乘经，经后人渲染其文，阐发其义，不得说全是杂藏中之本来面目。（并非说其根本精神有所改变。参考释印顺《大乘是佛说论》。）

单行的大乘经，依其内容略可分为三类：第一类是前述之空轮经，第二类是前述之有轮经，第三类是义通空有或不说义理之经，姑名之曰方等经。

上三类大乘经中，空有两轮在佛学史上发生极大作用。佛灭后第六百年至第七百年间，龙猛、提婆阐发空轮义趣，建立大乘空宗。至第九百年，慈氏、无著阐发有轮义趣，建立大乘有宗。无著复抉择大乘有宗奥义，而造《摄大乘论》，唯识学之基础于焉建立。

故唯识学所依经典，源出于杂藏。其连接的关系，有如次表：

```
          ┌ 大乘空轮
杂藏 ┤                              ┌→ 法相学 ┐
          └ 大乘有轮 → 大乘有宗 ┤           │
                                   └→ 唯识学 ┘
```

（丁二）第七识之建立与《解脱经》之关系

唯识家所建立之重要法相，如染污末那、阿赖耶识、种子等等，皆于小乘经论中有渊源可溯。兹先说染污末那，即第七识。

小乘《阿含经》及论藏虽说有意根，但不说有第七末那识。小乘所谓意根，多指无间已灭的前六识，能为第六意识生起之所依者而言。如《俱舍颂》云："由即六识身，无间灭名意，为第六依故……"从无建立第七识者。惟有一类四《阿含》所不摄之零落经本，称为《解脱经》。（解脱是零落而不摄入经藏之意，不可作涅槃解。）按大迦叶波结集佛遗教时，富娄那阿罗汉领五百比丘行乞南山；及闻迦叶波结集已了，富娄那曰："诸德之结集佛法自是，然我从佛得闻之法亦当受持。"可见当时结集佛说者，不止毕钵罗窟一处，所谓五百结集，仅由少数长老把持，其事未必尽惬人意，而窟外别有大众结集之说为可信。不唯如此，除上座、大众两个大规模结集外，尚可能有较小规模的结集。故富娄那之受持佛说，吾人不必硬指为即大众结集，而可设想为规模较小的另一种结集也。故《解脱经》可能即上座、大众两处结集以外所结集之经典。《识论述记》说《解脱经》是大小乘共许之经。既得大小共许，必有来历可稽。而《解脱经》于六识外别说有染污末那《识论》曾引此以证有第七识。故知慈氏、无著之说第七识，除本之《深密》《楞伽》等经外，亦与《解脱经》有关系。

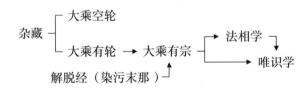

（丁三）种子之建立与小乘论藏之关系

次说种子。在慈氏说《瑜伽论》之前六百余年，说一切有部之世友造《品类足论》，建立无表色，以说明因果流转之理。（无表色义见后。）稍后，经量部（佛灭后第四百年中，从说一切有部分出），正式建立种子义。大乘有宗成立初期，慈氏、无著始依大乘有轮经典，建立新种子说，规模已具；再经世亲、护法等唯识诸师，加以补充，义乃周密。其于说一切有部及经量部旧说，有所抉择采用，无可讳言。

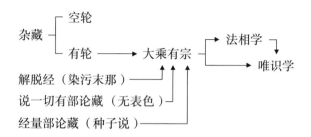

（丁四）第八识之建立与小乘经论之关系

次说阿赖耶识。小乘经、论中虽未正式说有赖耶，但类似赖耶之法相则早已建立。如：大众部经藏中说有根本识（见《摄论》上），能贯彻无始以来之生死流转；《唯识三十颂》亦沿用其名，称第八识为根本识。

说一切有部（佛灭后第三百年中，从上座部分出）经藏中有阿赖耶之名；无著以为暗指阿赖耶识（见《摄大乘论》一），《识论》亦论证此名应是暗指阿赖耶识方为合理（见《识论》一），今人则谓此阿赖耶名译云窟宅，指众生所住之世界而言；无著及《识论》所解，只牵附以成己说而已。然无著及《识论》之说，于理亦无矛盾；盖世尊本旨一方面否定众生死后生命随形骸俱尽之断见，一方面又否定生命永恒不变之常见，则许有一个非断非常的阿赖耶，至为合理也。

上座部论藏中立"有分识"以说明三有之因。"有"谓三有，"分"是因义。此识相续不断，遍一切处，故能为三有之因。（见《摄论无性释》二及《识论》三。）

化地部（从说一切有部分出）论藏中建立一贯通三世之"穷

生死蕴"（见《摄论》上）。此部将诸行分为三种，一是一念顷蕴（即刹那灭行）；二是一期生蕴（即从生至死相续者）；三是穷生死蕴，于一期生死之后，还复再生，直至最终解脱然后止，故名之曰穷生死蕴。（见《摄论无性释》二。）

经量部（见前）立一味蕴。（见吕澂《印度佛教史略》。）

慈氏、无著等依有轮诸经以建立阿赖耶识，对此等法相，必曾加以抉择（学说有所承受，并不等于不由实证得来），故说阿赖耶识之建立，亦源于小乘经、论二藏。如下表：

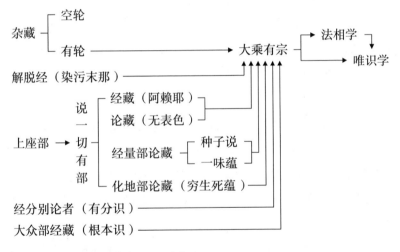

（丙二）唯识学发展之过程

上文说唯识学源于小乘杂藏与论藏，乃就义理之本质言，若就学说发展之次第与其所采用之名相而言，则唯识学亦由小乘诸部宗义递变而成。何以言之？小乘说有者，如上座部系统诸宗等，虽复部派互异，然其执有实物，或执有外物所由组成的极微则同。龙猛、提婆出，倡说空义以矫其弊，于是有大乘空宗。然龙猛说空，只破小乘师等之把外物执为定实，并非谓宇宙、人生、体、用都无。上座部等在佛教史上虽居正统地位，但因蔽于执有，反失世尊说教本意。龙猛谈空，其说与大众部系统诸宗之倾向空义者关系最深，在佛教史上虽非正统，但以其扫除一切封执，反深符世尊说教本旨。所以龙猛空义，不独为空宗后学所禀承，后来大乘有宗学者，对于龙猛空义，亦拳拳服膺，观无著造《顺中论》以释龙猛"八不"，安慧造《中观释论》以释龙猛密意可知。逮于空宗末流，不惟拨无万象，竟亦拨无实体（后来清辨造《掌珍论》，说真性之无为无有实性，便是一例），实乖龙猛本旨，故唯识家称之为恶取空（不善于取空义，名恶取空）。慈氏、无著又矫其弊（但矫末流之弊），建立大乘有宗。大乘有之所以异于小乘有及恶取空者，以其有则说有，无则说无；既非如小乘上座部等执实之有，亦非如空宗末流恶取之空；故能远离遍执，契合中道也。所谓有则说有者：有实体，有大用，故不应说一切都无；若实体、大用都无，便坠顽空，则宇宙、人生无由施设，而一切皆无之论亦不成立。无则说无者：谓宇宙实体上有生灭相续之大用；此大用，就其总相言，说为万象（或一切行），就其别相言，则为无数识系（有漏识系名曰众生；无漏识系，名之为佛）；每一识系复由八个识聚合成；每一识聚又各分心王与心所；每一心王、心所又各析为相、见等分；此无数相分、见分又由种子而生；种子能起现行，现行能熏种子；然而万象中只有互相依存而刹那生灭的现象，决无独立而固存的实我、实法；若执有定实的我、法，则是以无为有；今说此诸识、心心所、相见、种现等等，本身既非实我、实法，而在此等现象之上亦无实我、实法可得，是谓无则说无。于有处不损减，于无处不增益，是名中道。如《辨中边颂》首一颂即显斯旨。兹简释之如下（括号内是释文）：

虚妄分别有（"虚妄"者，不实义，变幻义。"分别"者，识之异名。此句言虚妄识是有），于此二都无（"二"者，谓实能取及实所取。能分别名能取，所分别名所取。于此虚妄识上只有似能取相及似所取相显现：永无实能取、所取二相）。此中唯有空（此句意谓此虚妄识用上但有离所取及能取之真如。真如是虚妄识之实体；真如要以空为门而得显，故名空性，简称为"空"，非空无义），于彼亦有此（于彼真如实体之上，亦但有此虚妄识用。此"有"字是不离之意）。故说一切法（一切法者，谓有为法及无为法。有为法即虚妄识，亦即诸行；以诸行唯是识故。无为法即空性真如），非空、非不空（由虚妄识用及其所依之空性体是有，故说非空。由无实所取、能取性故，说非不空）。有、无、及有故（一"故"字贯通上"有""无""有"三字，意即"有故、无故、及有故"。言"有故"者，谓虚妄识用是有故。"无故"者，虚妄识上无实所取、能取二体性故。复言"有故"者，用中有体，体上有用，体、用不离也；此"有"字是互有，即不离之意），是则契中道。

故慈氏、无著所说之有，乃空后之有，亦即透过龙猛所说空义之有；此乃如理如量而说，与小乘之执为定实者不同。故就历史发展之次第言，大乘有宗乃经过空宗洗礼后之新有宗；而唯识之学，则又抉择大乘有宗义理而建立者。其关系如下图：

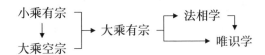

（丙三）传承

佛灭后九百余年，有论师名慈氏（Maitreya）者，在中印度阿踰阇国（Ayodhya，阿踰陀）讲堂，为其弟子无著等，依大乘有轮经典，讲说佛法奥义。（参考释印顺《摄大乘论讲记·悬论》。）无著结集师说，成为五部论典：一《瑜伽师地论》，二《大乘庄严论》，三、《辨中边论》，四、《分别瑜伽论》，五、《金刚般若论》。无著承慈氏之教，广造诸论，以弘传师说，是为大乘有宗，或瑜伽宗。

然慈氏之学，广大精微。就其广大边言，则《瑜伽》一论，普被五乘学人，令各依自乘法，修自分行，得自乘果（如声闻乘人依论中所说声闻乘法，修学声闻乘人分内应修之行，得阿罗汉果等）；就其精微边言，此论正被大乘学人，令于诸识之境、行、果，皆得善巧，勤修大乘行，证大菩提果。（参考欧阳渐《瑜伽论序》下。）无著推广慈氏之意，于瑜伽一宗之学，特开二门：一、括《瑜伽论》一切法门，集《阿毗达磨经》所有宗要，详辨五蕴、十二处、十八界等法相，造《阿毗达磨集论》，陈义赅广，小大兼被，是为法相学。二、括《解深密》《瑜伽》法门，诠《阿毗达磨经》摄大乘一品宗要，造《摄大乘论》，说理精微，唯被大乘，是为唯识学。然法相与唯识，只是一个体系中之两门，并非分成两个宗派。

无著弟子，今可考者二人。一为其弟世亲，二为其弟师子觉。无著以《集论》授师子觉，使之作释，其功在于法相。世亲于无著之学无所不受。所造《五蕴论》，堪称古今最精简之法相典籍。但其贡献之最大者，则在唯识方面。彼初归大乘，即受命为《摄大乘论》作释。后又造《成业论》，成立业种子义，使因果流转之说从唯识学得有理论根据。晚年复汇集经、论奥义，造《唯识三十颂》，唯识学之体系，始卓然树立。《三十颂》在唯识学上之重要，可用一譬喻以说明之：譬如建造大厦，慈氏说《瑜伽论》，犹如建立地基，世亲造《三十颂》，犹如树立骨架。十大论师之广作疏释，只是结砖傅土之工作而已。

世亲弟子中，传法相、唯识者有二大家。（法相与唯识，是学问之两门，非人徒之两派，故合言之。）一是安慧，二是陈那。安慧闻持极广，著述亦多；于法相方面，曾将无著之《集论》与师子觉之《释论》，糅合为一；又造《广论》以释世亲之《五蕴论》；并详释世亲之《俱舍论》以为大乘法相之附庸；法相之学遂达极峰。于唯识方面，曾造《三十颂释》，为唯识古学之宗，十大论师之一。安慧于弘扬自宗之外，又造《中观释论》，以自宗见地阐释龙猛密意。其弟子有月官、德慧（此德慧非十大论师之德慧）、增满、胜军等。月官尝在那烂陀寺与空宗大师月称辩难，月称主无自性义，月官主唯识义，彼此往复，历时七年。月官弟子宝称，亦有名于时。德慧曾随顺安慧疏释《中论》以破空宗之清辨。增满弟子胜友，同时师事护法，兼传安慧、护法两家之学，亦疏释《三十颂》，为《成唯识论》十大论师之一。此为安慧一系之传承。

陈那传世亲唯识、因明之学，著《因明正理门论》，建立新因明；造《集量论》，变古来识体二分（相分、见分）说为三分说（加自证分）；著述之多，不下百部。陈那弟子，今所知者有三人。一为护法，唯识十大论师之首，为世亲以后最伟大之唯识学者。护法尝著《唯识三十颂释》，将无著、世亲以后诸家异义加以批判，一切不正义及不备义悉予破斥，一切正义悉予安立，遂集唯识学之大成。二为自在军，只知其为法称之师，他无可考。三为商羯罗主，传陈那因明之学，著有《因明入正理论》。护法门人可考者有亲光、胜友、最胜子、智月、戒贤、玄鉴、法称七人。亲光作《佛地经论》，为本宗谈佛果之依据。胜友兼受业于安慧之弟子增满，其事已见上文。最胜子曾造《瑜伽论释》，亦十大论师之一。智月亦十大论师之一。戒贤主持那烂陀寺，在护法殁后，法称兴起之前，为大乘有宗一大宗师。玄奘西游印度，受学于戒贤，因此护法之学流传于中国。玄鉴居士是护法晚年弟子，持有护法《唯识三十颂释》草本，以授玄奘。法称年龄小于戒贤，戒贤殁后始显于世；曾为陈那之《集量论》作释，反复详略凡有七论（《释量论》《量决定论》《正理一滴论》《因论一滴论》《观相属论》《论议正理论》《成他相续论》）。于是唯识与因明之间，别有所谓量论。法称之时，佛教内部派别纷歧，互相攻击；外则商羯罗等重整印度教义，博得大量信众；佛教日被凌迫；法称殁后，其学亦成绝响。（法称行谊略见吕澂《西藏佛学原论》引多氏《印度佛教史》，及英译本俄人 Stcherbatsky 著《佛教逻辑》。）此为陈那一系在印度之传承。戒贤住世之末后数年，陈那系之玄奘，已返回中国，其翻译及弘传事业，如日丽中天，宗义之弘播，历窥基、慧沼、智周三代而犹盛，流风余韵直至会昌法难（唐武宗灭佛教）以后始衰：因缘之盛，诚非法称所能比拟。

中土唐太宗贞观年间，玄奘游学印度，从戒贤受瑜伽奥义，又从玄鉴居士得护法草本，归国后盛弘唯识。先是世亲造《三十颂》，未及作释而卒；印土为之疏解者有十大家。于十家中，安慧直承世亲，于训释言词，最为可信；护法系出陈那，立义之精密，往往超过前贤。玄奘与其弟子窥基，糅译十家疏释，于训诂多依安慧（支那内学院师资将藏译安慧《三十颂释》校汉译《成唯识论》，知其训释名相多同安慧。参考《藏要》本《识论》小注），于义理之抉择，则以护法为指南，是曰《成唯识论》。故奘、基之学（亦可说是唐人之学，或中国唯识学），实汇合陈那、安慧两系学说而成一更周密之体系，更进步之学说，而《识论》一书是西方唯识学之总结，东土唯识学之开宗。

玄奘门下人才众多，传唯识者有窥基、圆测、普光、慧观、玄范、义寂，世称六大家，而以基、测二人影响最大。窥基助玄奘糅译《成唯识论》，亲承指授，编为《述记》；又别撰《唯识枢要》《唯识料简》《唯识别钞》，抒发己意，以为羽翼；著作百部，至今犹存二十余种；其为陈那、护法一系之正宗，定无疑义。圆测所撰章疏，今只存《解深密经疏》及《心经疏》二种。其《识论疏》早已散失，今存辑本十卷（支那内学院辑）。书中所记玄奘口义，灿然可观；但亦时申异见，遂成别派。其余四家有关唯识之著作，悉已不存；今人虽下辑佚工夫，所得亦仅一麟半爪。

窥基、圆测同出玄奘之门，二人见解大体相同；惟于玄奘所未楷定者，则难免出入。窥基讲学于慈恩寺，其门下为慈恩派；圆测是新罗国人，其门下为新罗派（"派"字是今人所加）。两派学人，各据师说，稍有门户之争。窥基弟子以慧沼、灵泰为著。慧沼作《唯识了义灯》，折冲御侮，共楷定诸师异见，使慈恩学派得以光昌。灵泰作《识论疏钞》，保存窥基口义。慧沼弟子有智周、道邑、义忠等，智周作《唯识演秘》，道邑作《唯识义蕴》阐发《述记》未尽之义。义忠作《唯识纂要》，今已不存。智周弟子如理，作《唯识义演》及《唯识演秘释》，为慈恩派之后劲。自是以后，此学传承，便不可考。

兹综合印度、中华两方法相、唯识师资传承，表之如下：

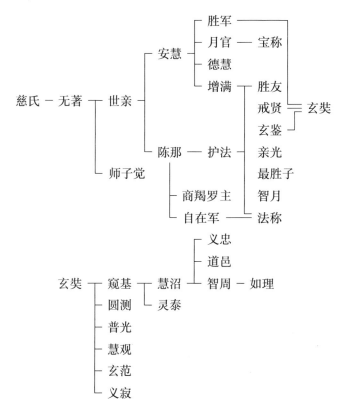

自唐武宗会昌法难以后，此宗渐衰，再经唐末、五代之不断兵燹，慈恩、新罗及余各家章疏，所存无几。入宋以后，仅有延寿作《宗镜录》，于法相、唯识义尚能诠释，但已无所建树，只用作宗门借镜而已。（"宗镜"二字即取此意。）

元末中国大乱，唐人章疏尽失，本宗殆无人修习。明代天台宗学者智旭，兼治法相、唯识；复有普泰、明昱，亦慕慈恩之风；三子皆有著述。惜唐疏不存，义无凭准；虽不免管中窥豹，只见一斑，然其态度之开明，与用功之勤，亦足钦敬。

清代末叶，有杨文会者，博习内典，特尚华严宗学。而彼宗澄观所作《华严疏钞》，时据唯识义阐释经文。杨氏觉有采究唯识之需要。因随曾纪泽出使伦敦，获识日本佛教学者南条文雄，得其助力，从日本取回《识论述记》《因明大疏》等书，雕板流通。杨氏临终，嘱其弟子欧阳渐、梅光羲，重弘法相唯识。同时有朴学家章炳麟、沙门太虚，稍后则有韩清净，亦通此学。（此外尚有吕澂、梁漱溟、周叔迦、王恩洋等，其人或尚存于世，或生死未详，故未论及。）此五人于法相、唯识之复兴，各有贡献。欧阳渐主持南京支那内学院，韩清净创立三时学会于北平；皆欲远绍那烂、慈恩学风，著述既多，弘传亦广，有"南欧北韩"之誉。欧撰《瑜伽论序》《唯识抉择谈》《唯识讲义》《楞伽疏决》及诸经论序，韩著《十义量》《集论别释》《瑜伽论科记》，往往能言慈恩、新罗之所未言，能补唐贤之所未备，其价值非五代以后之内学论著所能比拟。欧阳渐弟子熊十力，初从师学，笃守唐人家法；后期思想转变，依附儒学以自建体系，于法相、唯识旧说保留一分外，杂取禅宗、空宗、天台、贤首、周易、老庄、宋明理学、进化论、创化论、辩证法等义趣，冶以一炉，以作《新唯识论》。盖自大乘有宗学说始入中国，南北朝时此土即有地论、摄论两宗成立，其义相已稍异于西方；唐代玄奘、窥基盛弘护法等唯识今学之后，即有贤首、澄观等成立华严宗与之抗衡；清末民初以后，法相唯识卷土重来，熊氏又建立新唯识学与之相抗：彼方弘传印土学说，此则建立中土新宗，古今如是；熊氏之新论，殆时代之产儿耳。彼之新论，固可视为大乘有宗之新泻也。

（甲二）**诸行分三**：乙一、现行，乙二、种子，乙三、缘生。

（乙一）**现行分五**：丙一、诸行之共相，丙二、八识总论，丙三、阿赖耶识论，丙四、末那识论，丙五、前六识论。

（丙一）诸行之共相分二：丁一、无常，丁二、无我。

（丁一）无常

诸行是一切有为法之总称，相当于今人所谓现象界。行者，迁流义，不固定义；有为法才生即灭，不稍息住，念念之间前灭后生，迁移流动；故说为行。

一切行，不论其为有漏性或无漏性，皆有两种共相：一是无常，二是无我。

何故说一切行皆无常？"常"字有两义：一、相续义，二、不变义。虽有生灭变化，而连续不断者，是相续常。若无生灭变化者，是不变常。诸行无常是无不变常，非无相续常也。如今日之某甲异于昨日之某甲；细析之，后刹那之某甲，亦必异于前刹那之某甲；而所谓某甲者，决非永恒不变之物，只是一串不固定的连续。某甲如是，某乙、某丙，乃至一切行（一切现象），皆刹那生灭。此事实，人人皆可体验得之。是为一切行无常。

问：一切行既无常，则宇宙万象及人生云何而不断灭？答：一切行虽无常，以因果转变故（因果转变义详后），万象及人生得连续存在；虽连续存在而无一瞬不变也。

问：涅槃之体，不生不灭；修行人入涅槃后，便出离生死，则其人所有诸行，岂不皆灭耶？答：此须分两方面说。一、就小乘人言之。涅槃即四谛中之灭谛。灭谛者，苦因（烦恼及业）灭，苦果（生死）亦灭；苦因、苦果皆是有漏法（有漏亦名杂染，非清净故，非纯善故；义详后）；是则所灭者唯有漏法。小乘虽未说入涅槃后无漏功德仍然继续，但并未说证涅槃后无漏诸行（即无漏有为法。无漏功德亦是无漏有为）亦不存在。且涅槃可证；既可证，便非无，如色、声、香、味等可证知者皆非无故。故就小乘教理观察，不应断言证涅槃后无漏诸行亦灭。二、大乘言涅槃，义别有四：即自性涅槃、有余依涅槃、无余依涅槃、无住处涅槃。自性涅槃者，诸法自然具有之真实体性（即是真如），本自寂静不假他求，凡、圣所同具也。有余依涅槃者，苦因已尽，而由过去业因所感之残余所依身（苦果）犹在故。无余依涅槃者，有漏苦果所依身灭，由烦恼与有漏业尽故，当来苦果亦不生；有漏生死从此出离也。此时，本有之自性涅槃全体显现；然有体必有用，体不生不灭，用则犹是生生灭灭；惟有漏之用（苦因苦果）已灭，而无漏之用反流行不息；全体大用无所欠缺。故有余依、无余依二涅槃，皆就体边言，非谓无大用也。无住涅槃者，双就全体大用两方面言。无住者，生死、涅槃两俱不住。不住生死诠其体；诸佛所证涅槃，体即真如，不生不灭，其相寂然故；有漏生死永息灭故。不住涅槃显其用；由涅槃体所显现之用即大菩提（大菩提即四智心品，详后），资用无边，妙业无尽，广利群生故；虽复生灭不已，然无一切障缚（障谓烦恼、所知二障，缚谓相缚及粗重缚），不同有漏生死故。故就大乘教理观察，无漏诸行，永无尽期。诸有视涅槃为灰身灭智，净行都无者，谬也。

（丁二）无我

何故说一切行皆无我？言"我"者：《识论》云："我谓主宰。"主宰意即一个有自在力的自体。印度古代除佛法及顺世派（唯物论者）外，大体上皆执有我。其所执之我，通涂具有两义，即"一"与"常"。"一"是独立自存之义，"常"是固存不变之义。换言之，所谓我者，乃一独立固存的实自体也（真实的自我）。佛家则谓诸行各各待众缘而生起，依众缘而存在；所依的众缘转变时，能依的诸行亦随之变异；所依的众缘坏灭时，能依的诸行亦随而坏灭；一切为众缘所决定。以待众缘故，无独立自存之义，不可说"一"；以缘变则变，缘坏则坏故，且刹那生灭故（刹那生灭义见前），无固存不变之义，不可说常。既非一，又非常，便不可言有实自体。因其无实自体，故说之为空。空故无我。

问：一切行既无我，何故一一色（物质现象）、心（精神现象）诸行森然罗列，而非空无？答：一切行虽无我，以依众缘故（仗因托缘），而得生起，而得存住；虽生起存住，而无一刻不依赖众缘也。

问：诸经论皆言一切法无我，今只言一切行无我，岂诸行之实体，所谓真如者，是有我耶？答：真如非思虑名言的意识所能把捉；说之为我，乃至说为真如等等，亦随名言；故不可拟为我与非我。又实体不离大用；就体而言，本性寂静，廓然无对，不可言不空；就用而言，万象昭著，因果相待，不可言空；既不可言空与不空，怎可说有一常的我？（若有一常的我，便是不空。）又我与非我，相对为言；真如无时不在，无处不在，无"非我"与之相对，故不言有我。由上义故，于真如亦说无我。

（丙二）八识总论分八：丁一、八识名义，丁二、八识所依根及所缘境，丁三、八识之三种分别，丁四、八识之三量，丁五、识变似境，丁六、八识之心所，丁七、心心所之结构，丁八、心心所之性类。

（丁一）八识名义

今说诸行，分现行、种子及缘生三方面说。先说现行。现行即一切色、心诸法之别名。言现行者：现是显现义；色、心诸法从沉隐的种子而显现故，说为显现。行是迁流义，不固定义；色、心之生，不暂住息，念念之间前灭后生，迁移流动故（如物之迁，如水之流），说为迁流。若严格言之，现行者，亦识之别名（识义见

前)；识从种子显现故，一切色、心诸法皆是识故。

一切众生各各有八种识。如下表：

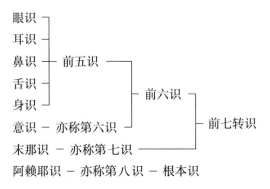

识亦名心。心者，集起之义；积集种子，起现行故。亦名意。意者，思量之义，于境思虑量度故。一切众生皆有八种识，即一切众生皆有八种心，或八种意。然此但宽泛言之。若严格言之，则唯第八阿赖耶识专名为心；赖耶能积集诸行之种子，生起现行的诸行故。又唯第七末那识专名为意；末那恒内缘赖耶为境，思量不已，执为自我故。(见《瑜伽论》六十四等。)

八识中，前五种皆依色根（物质造成之根，名色根。根义详后）而起现行，为一类，称为前五识。前五识及第六识，同是随根立名，合称前六识。由具三义故，所以随根立名：一、依根故；即依眼根之识，名眼识，乃至依意根之识名意识也。二、根所发故；即眼根所发之识名眼识，乃至意根所发之识名意识也。三、属根故；即属眼根之识名眼识，乃至属意根之识名意识。(《识论》举依、发、属、助、如五义；今唯取前三。)若随境立名，则前六识依次名色识、声识、香识、味识、触识、法识（第六识能缘一切法），于理亦通。又前六识及末那识通名转识。转者，转易。修行者于见道之后（见道义详后），成佛之前，在定中入观时，此前七识是无漏性，出观后，仍是有漏性；性有转易，故名转识。其第八识，要待成佛之前金刚心时始转成无漏，不名转识；但名根本识，以第八是前七识之根本依故。（金刚心及根本依义见后。）

（丁二）八识所依根及所缘境

八识各有其所依根及所缘（缘是认识义，知义）境。根者，增上义，即势用强盛之意。眼等根对其所发之识，有强盛的扶助力；如根强所发之识亦强，根损则识力劣，根坏则识不得起等；故名为根。眼识依眼根，认识色境。（此中言色，是颜色之色，非指一切有质碍之色。）耳识依耳根，认识声境。鼻识依鼻根，认识香境（香臭）。舌识依舌根，认识味境（滋味）。身识依身根，认识所触境（痛、痒、寒、热、饥、渴等）。前五识所依之根，皆是物质的；《五蕴论》等说根是一种"清净色"，意即极微妙的物质。此种清净色所造成之根，藏于根依处中（根所住之处，名根依处；亦名扶根尘，是扶助五根之尘故；乃器世界之一部分也），与根依处和合似一，而非普通眼识所能现见，以有发生五识之功用，由果推因，比知是有耳。（今人梁漱溟谓前五根即今所谓神经系，于理可然。熊十力据安慧等五根各有自种，遇缘则生现行五根之义，谓梁说于小乘义可通，于大乘义不合。今按五根是大种所造，五根种子现起为五根后，分析五根亦成大种，此乃瑜伽正义；梁说于大乘义并不相违。参阅《佛家名相通释》下。）意识、末那、赖耶三识所依之根，则为非物质的。

第六意识，以第七末那识为所依根，以一切法为境。此所谓法，乃过去、现在、未来、有为、无为等一切法也。通涂所谓思虑分别，皆是此识之作用。余识只缘现在法生了别用而已，此识则遍以一切过去、现在、未来法为所缘境。言"意"者：谓此识以第七末那识为所依根，末那识亦名为"意"（见前）；从根立名，名为意识。

第七末那识，以第八阿赖耶识为所依根。阿赖耶识，从无始来任运相续，似一、似常，与世间所执的实我相似；故末那识转缘赖耶（见分），分别计度，执为自内我（自我及内我），坚牢不舍。第六意识，于睡眠、闷绝等位，或不现起。此识恒时审细思量，虚妄计度；故名末那。末那是梵语，义译为意；意是思量之义。所以用音译者，为简别于第六识故。

第八阿赖耶识，乃生起其余诸行之根本识。（赖耶亦是诸行之一。）此识能含藏诸行之种子，无始以来恒时现起，以末那为所依根，以种子、有根身（有五根的身体）及器世界（众生所住之物质世界，如器）为所缘之境。

（丁三）八识之三种分别

八识缘（认识）诸行时，有三种分别：一、自性分别，二、随念分别，三、计度分别。

在解释三种分别之前，应先辨"分别"一词之意义。在佛典中，"分别"一词，义别有四：一、对于事物或义理，区分辨别而说明之，谓之分别；多作动词用；如《解深密经》之第六品，析述修习瑜伽之方法与效果，名《分别瑜伽品》是。二、对于境界之认识，谓之分别；多作名词用；如自性等三种分别是。三、有漏心、心所名分别；作名词用，如《楞伽经》相、名、分别、正智、如如五法中之分别是。四、计度（计较量度）名分别；作动词或名词用；如三种分别中之计度分别是。

自性分别者：自性即自相。（梵语性、相二词互训。）谓于现在诸行，不用忆念及推度等，能缘的识亲冥没于所缘境之自体中，得其自相（不缘共相）；是名自性分别（自性之分别，依主释）。如眼识缘青时，亲冥青色自体中，得青之自相，而不计度此是青或非青，便是自性分别；与此眼识同时之五同缘意识（五同缘意识详后），亦亲冥青色自体，亦是自性分别。意识在定中冥证影像时，亦是自性分别。又赖耶缘种子、根身、器界时，亦是自性分别。自性分别只是一种冥证诸行境体之作用，非区分辨别之意，亦可说为无知之知，或无分别之分别也。但根本智证真如时，不名自性分别；以三种分别唯就诸行说故。自性分别，于量中属于现量。（量义详后。）

随念分别者：于过去所缘诸境，由忆念力，追忆而分别之，名随念分别。（念是心所之一，能令心、心所回忆过去所缘之境，详后。此种分别，随念心所而起，故名随念。）随念分别唯第六意识有；以第八、第七及前五识，唯缘现在境，不能忆念故。于量论中何量所摄，则有二说：一说通于现、比二量及非量，一说不通现量。

计度分别者：计者，计虑。度者，量度。于过去、现在、未来三世中之不现见诸法，计虑量度而分别之，名为计度分别。（此即思、慧两心所之作用。）计度分别，有时是比量；如于数目计算无误，或比度时不违理则是。有时是非量；如计算错误或与理则相违者是。前五识及赖耶唯任运缘境之自相，不能计虑量度，故无计度分别。第六意识思构力胜，能缘三世境，故有计度分别。第七末那虽不缘过未境，然于念念中缘赖耶之见分，审细思量，执为自我，故有计度分别。

自性分别唯分别诸行之自相（自相即自性），随念分别通能分别诸行之自相、共相（一说唯缘诸行之共相），计度分别唯分别诸法之共相。

八识与三种分别及自共相相摄如次表:

（丁四）八识之三量

诸识缘境之作用有三种：一、现量，二、比量，三、非量。前二种是正确的知识，名正量，后一种是谬误的知识，名非量。现量者：现谓现前、现在、显现。量，原义为量度，引申为"知"之义。能认识的心现在、现前了知色、声等显现境时，离名言（色、心、长、短、黑、白等乃至一切名句，皆是名言）种类等（依于名言，假立一法，贯通诸法，如立"色"之一法，贯通一切青、黄、赤、白等；是名种类）所有分别，逼附所缘境之自体，而冥没于其中；故名现量。比量者：比谓比类，量义同前；于不现前的色等境，藉已知境，比类量度而正知之；如见远处有烟，知彼处有火；又见瓶等量所作性，知其无常；故名比量。非量者：似现量而实非现量，似比量而实非比量，即谬误的知识；谓若有境，非可现知明白而照，亦非可比拟推度而知，或实无境体，非可量度，于非量处而起心量；如见绳而以为蛇，睹见阳焰谓之为水，又如于雾等妄谓为烟，邪证有火；故名非量。八识中，前五识及第八识唯是现量，第七识唯是非量，第六识容有三种。如次表：

此中所说量义，取便引用而止。其详见于下文量论。

（丁五）识变似境

一切众生各有八识。八识中，前五识皆向外追求（此中谓"外"乃同一识聚中的内外之外）；其所追求之境，乃是五识各变似之。眼识变似色境，耳识变似声境，鼻识变似香境，舌识变似味境，身识变似所触境。言"变似"者，以诸识所缘之境，是自识之相分（相分义详后）。而此相分是自识之所变故（变义详后），识之相分似是外物而实非外物故。前五识以第八识任运变现之相分为本质，于自识上变似影像相分而缘之；前五识相分有如镜面所现的影像，而本质则如所映之物体也。

第六意识，能与前五识同时变似色、声、香、味、触境，复能独起思构（五识不起时意识独起），变似独影境。独影境者，谓所变境非如前五识所变色、声、香、味、触境之具本质故。如思惟义理时，意识中亦变似所思之相；此相无本质，唯有影像，故名独影境（三境义详后。）

第七末那识，一方面依赖耶为根而得生，一方面又向内反缘赖耶，托赖耶为本质，于本质之上，变似自我之相，而思量之不已。故此识唯向内缘；非如五识及意识变色、声等境时，一若视为外物而向之追求者。

第八阿赖耶识所缘之境有三种：一者，种子，即能生起诸行之各别功能（种子义详后），为赖耶所摄持，而藏伏于赖耶之中，众缘具时，则显现而成为万象。以其为赖耶所摄持，故说为赖耶之所缘。（眼识缘色之作用为见，耳识缘声之作用为闻，鼻识缘香之作用为嗅……赖耶缘种子之作用则为摄持。）又种子只是赖耶自体上的功能，而赖耶与种子以力，令起现行；故说赖耶能变种子。唯识家所谓变，自有严格的意义，非若变戏法之变也。其义详后。二者，有根身，即五色根（眼等五种由物质造成之根）及根依处（根依处即色根所依住之处，亦名扶根尘，意即扶助五根之尘），赖耶即摄持此以为自体。三者，器世界，相当于世人所称之物质宇宙。根身与器界皆是藏在赖耶中之种子所变现，而为赖耶之所缘。根身、器界虽由其自种子所变，然以种子为赖耶所摄持故，种子是赖耶自体上之功能故，赖耶与种子以力使得变故，根身、器界非离赖耶而独在故，故亦说为赖耶所变。

（丁六）八识之心所分五：戊一、识摄心所，戊二、心所与心王相应，戊三、心所有假有实，戊四、心所之名数，戊五、心所俱起之情况。

（戊一）识摄心所

识与心所之分，是从禅定中观察出来。在原始佛教中，禅观是最重要之修行法。四念住等菩提分法，皆在定中修习。部派佛教兴起，属于上座系之部派如说一切有部等，亦皆重视禅观。大乘瑜伽宗与上座系关系特深，又以修瑜伽行见称，故于禅观尤为注重。彼等修禅定时，并非只是系心不动，亦从定中对心性加以观察、研究，分析极为细致。彼等发觉吾人不唯有八个识，而此八识并非八个单一的整体。每一个识皆是由一个心王（亦简称心）与多个心所（心所义见后）复合而成之一聚。故凡言识，便摄心所。

（戊二）心所与心王相应

心王是一个识聚之主，所以名王。心所者，心王上所有的各种附属作用，名为心所有法，简称心所。心所非即是心王，而各有其自体；以具三义故，得心所名。言三义者：一、恒依心王而起（心王若不起，心所必不生），二、与心王相应（相应义见后），三、系属于心王（心王有自在力，是主，其数只一；心所随心王势力而起，是伴，其数有多；有伴无主，则成散漫；故以一统多，以伴属主），是为三义。以其为心王之佐伴，而与心王相应以取境，故名"心所有法"。境之相状，有总有别。例如眼识聚缘绿色时，绿是境之总相，此绿色上有悦意及不悦意等别，是别相。心王于所缘境，只取总相。心所不只取境之总相，亦同时兼取其别相；以别相必依于总相，如悦意及不悦意之别相，必依于绿色之总相故。心王取总相，如画师作画，画其轮廓。心所取别相，如弟子填彩色时不离轮廓。

言相应者：谓具四义故，说名相应：一、时同，一聚相应心、心所必同刹那起，无有前后。二、所依同，谓一聚相应心、心所之所依根及等无间依（即等无间缘，义详后）必定同一。三、所缘相似（相似而非同一），一聚相应心、心所之所缘必相似，如心王、心所缘青色时，彼此各各变其青色之相分，此各各所变之青色相分，皆相似而无甚差异，但决非相同。四、自体各一，一聚相应心、心所，其体各一，非有多种；如一眼识心王不能同时与二个受心所相应是。

（戊三）心所有假有实分二：己一、假实之界说，己二、三种假法。

（己一）假实之界说

法相、唯识家每谈一法，必分别其为假为实。凡法之有自性者

（即可看作一个独立的物事者），便说为实，如五根、五境及眼识等八识是。但此所谓实，是依世俗谛而说。若说胜义谛言，则一切法相都非实有。凡法之无自性者，便说为假。如龟毛、兔角，瓶、盆、方、圆等是。今说心所，亦应辨其假、实。各心所何者是假，何者是实，将于"心所之名数"段逐一说明。

（己二）三种假法

假法有三种：一、凡由意想所构，但有虚言，宇宙间绝无此物事者，名无体假；如龟毛、兔角等是。二、由众多极微和合而成者，名和合假；如瓶、盆、地球等是。三、凡由色法（物质现象）或心、心所法之分位（分者，时分；位者，方位。分位一词略当于世人所谓特殊情况）上假立者，名分位假；如方、圆（此二者是色法分位），忿、放逸（此二者心所法分位）、生、老（此二者是色法及心、心所之分位）等是。心所中之假法皆是分位假。

（戊四）心所之名数

心所之数，诸论略有不同。（心、心所等皆是用来表示某种事象的符号。既是符号，则是随宜安立之假名，诸论各随所宜，所立名数便有出入。）兹据《显扬论》，将心所分为六类，而抉择其名数如下：

言六类者：一、遍行，二、别境，三、善，四、烦恼，五、随烦恼，六、不定。

第一类，遍行心所。遍行是周遍行起义。一切心王起时，必各有同性类的遍行心所与之相应；即一善心王起，必有善性的遍行心所与之相应俱起；余可准知。遍行心所之数有五：

一、作意，警觉应起的（众缘已具，得现起的）同刹那同聚心、心所种子，令同起现行，为自性；引现行心、心所，趣赴所缘之境，为业用。此中言自性者，即自体或本质之义。业用是功用或效用义。同聚心、心所未现起时，警之令起；既起以后，引之趣赴自所缘境。

二、触，顺生一切心、心所，令相和合，同触前境，为自性；作意、想、思等（等者，等余一切心所）生起之所依止，为业用。设无此触，则心、心所各有自体，便各独立，步骤不一，如何能互相调协，共趣一境。

三、受，领纳顺益、违损及非顺非违境相（境之相状，名为境相）为自性；生起贪爱，为业用。可爱境相，名顺益境相；不可爱境相，名违损境相。缘顺益境，则生乐受；缘违损境，则生苦受；缘非顺非违境，则生舍受（不苦不乐，说名为舍）。故受有三种差别。贪爱，即烦恼心所中之贪。乐受起时，能引贪起，于境耽著沉醉，不愿离失。苦受起时，亦引贪起，欲其离失。（有将受分为五者，太繁碎，不取。）

四、想，于境界取其相貌，为自性；施设种种名言，为业用。（施设名言，就意识之想言之。）

五、思，令心及余心所起善、恶等之造作，为自性；于善、恶等事，驱役心及余心所，为业用。

第二类，别境心所。此类心所，非如遍行心所之一切时恒起，乃缘各别不同之境界而始有之；境各差别，非能通缘一切境，故名别境。其数有五：

一、欲，于所乐境，希求冀望，为自性；作精勤生起之所依止，为业用。此中“所乐境”，是欲所缘之别境；于非所乐之境，必不起希望故。故欲是缘别境而起，非是遍行。以下四心所之为别境而非遍行，理可准知。“希求冀望”是欲之自性，“精勤生起”之所依，就善欲而言。若不善欲，应言为懈怠生起之所依，以于恶事而策励者，懈怠摄故。

二、胜解，于决定境，印解任持，为自性；不可以他缘引诱改转，为业用。此中"决定境"者，谓非犹豫之境。"印解任持"者，如缘青时，印持此是青，非余色；又如缘义理时，印持此义如是，非不如是等。然此所谓"决定"，所谓"印持"，皆就当念（当念，谓当此心所生起之顷）对境毫不犹豫而印持之；至于未印解前有所怀疑（此时胜解未起）及印解后又改变思虑（此时胜解又隐没），则非此所论。（参考熊十力《佛家名相通释》上。）言"不可以他缘引诱改转"者，亦就当念而说。

三、念，于曾习境，令心、心所明记不忘，为自性；作定生起之所依止，为业用。念即世俗所云记忆。曾习境者，谓前六识过去所曾缘之境。过去前六识心、心所取境时，熏发习气于赖耶中；由忆念力，唤起旧习，令第六意识心、心所，于曾习境明记不忘。为定生起所依者，谓前后刹那相续忆念同一类境，心不流散，便能引定令生。

四、三摩地，此译等持，或译为定。于所观察境，前后刹那平等持心，令心专注不散，为自性；作智生起之所依止，为业用。

五、慧，于所观察境，简择其是非，分别其善恶等，为自性；断疑为业用。此就慧中之殊胜者，说有断疑之用；非一切慧皆能断疑；思惟义理时，虽未断疑，亦有慧故。又此心所中，有与痴相应者，是染污性，不惟不能如理简择，如理分别，反为颠倒推求，起颠倒见。诸论即于此染慧及痴俱起之分位上，立为恶见。（亦名不正见。详后。）

第三类，善心所。此类心所，于自于他能为顺益，故名为善。心王生时，若有此类心所与之相应俱起，则其心王亦是善性。依《显扬论》等，其数有十一：

一、信，于实、德、能，深忍、乐、欲，自性清净，复能清净余心、心所，为自性；对治不信及乐求善法，为业用。此信心所，就其所依之处不同，分为三种：一、信有实，谓于真实事、理（于真谛中有实理，于俗谛中亦假施设种种事或理）深信其为有而随顺忍可故（忍者，印也，认也）。二、信有德，谓于真净德，起深信而生喜乐故。三、信有能，谓于一切世间及出世间善法，信己及他能得、能成，而起希望故（希望即欲）。言对治者，譬药之对治疾病。

二、精进，亦名为勤，于断除恶事及修行善事，精勤策励，勇悍为自性。对治懈怠，成满善事，为业用。勇是胜进、策发之义。悍是坚牢、耐劳之义。

三、惭，依尊贵自身及闻正法而发生之增上力，崇敬贤德、尊重善法，为自性；对治无惭及止息恶行，为业用。增上力者，谓有殊胜威力，能扶助他法或阻抑他法也。善法者，谓正理及正义等是。如说："我如是身，解如是法，敢作不合理、正义之事耶？"

四、愧，依世间（世间清议）诃责暴人及厌弃恶法之增上力，轻恶人而不亲，拒恶事而不作，为自性；对治无愧及止息恶行，为业用。

五、无贪，于诸顺境（境者，包括众生、物事、见解等。下无瞋等同）无著，为自性；对治贪著及能作众善，为业用。著者黏著、泥著之意；人心滞著于境，如物之为胶所黏著，如马足之为泥涂所泥著也。此无贪非表无有贪心之消极名词；乃表人心中有一种势用，能顺应于境，而无留滞，且有制治贪著令不得起之功用。下无瞋、无痴二名准此。

六、无瞋，亦名慈，于违逆境无恚，为自性；对治瞋恚及能作众善，为业用。

七、无痴，于诸理、事明解，为自性；对治愚痴，能作众善，为业用。

以上三种心所，生善之功用殊胜，一切善法皆以此三为根本而得生，故名三善根。

八、轻安，令身、心远离粗重，适悦安乐，于善法堪任修持，为自性；对治昏沉，转舍染浊身心，转得清净身心，为业用。此心所唯与定心俱起。粗重者，谓一切染污法（即不善法及有覆无记法），此能令人身心粗重故。远离者，粗重不起也。

九、不放逸，即精进及无贪、无瞋、无痴四法，于所应断的恶法，能防令不起，于所应修的善法，能修令增长之功用。又此心所既是精进等四法上之功用，故是分位假法，非别有自体。

十、行舍，即精进、无贪、无瞋、无痴四法，令心不流于掉举，不陷于昏沉，始而平等（离沉、掉故，名平等），继而正直（离染名正直），后而无功用住（不须防检）之功用。此心所亦依精进等四法之分位假立，无别体。为欲别于受蕴中的舍受，故名行舍，即行蕴中之舍。

十一、不害，亦名悲，即无瞋上于诸众生不为侵损迫恼之功用。此亦依无瞋之分位假立，无别体。

以上十一个善心所中，信等八个有自体，不放逸等三个是分位假。《显扬论》等所说善心所之名数如此。不放逸等三既无别体，今废之，存余八种。如下表：

善心所 ┤ 信
　　　　精进
　　　　惭
　　　　愧
　　　　无贪
　　　　无瞋
　　　　无痴
　　　　轻安

　　第四类，烦恼心所。能烦扰恼乱众生身心，令沉溺生死，不得解脱，故名烦恼。以其能引生后一类随烦恼心所故，亦名根本烦恼。其数有六：

　　一、贪，亦名爱，于诸顺境染著，为自性；能障无贪及生众苦，为业用。（由爱染故，沦溺生死，故言生苦。）

　　二、瞋，于违逆境憎恚，为自性；能障无瞋，及为不安稳性恶行之所依，为业用。

　　三、痴，亦名无明，亦名无知，于诸事理迷暗，为自性；能障无痴，及为一切杂染所依，为业用。痴是一种迷暗的冲动；有漏人生，由此引致；由有痴故，起余烦恼及随烦恼，由烦恼故作业，由业故招后生；此烦恼、业、生，名三种杂染。

　　以上三种心所，为一切不善法之根本，故名三不善根。

　　四、慢，恃己所长，于他众生心生高举，为自性；能障不慢，及生众苦，为业用。慢之种类有七：（一）慢（狭义的慢），谓于劣者计己为胜；于与己等者，计己与之等。（二）过慢，谓于等己者，计己为胜；于胜己者，计己与之等。（三）慢过慢，谓于胜己者反计己胜。（四）我慢，谓于五蕴所成身心，而起我见（见义详后）因之自恃高举。（五）增上慢，谓于所未证得之胜德，谓已证得；或仅得少分而自谓得其全。（六）卑慢。于他多分胜己者，而谓己仅少分不及。（七）邪慢，己实无德而谓己有德。此七皆是"令心高举"，只是分位不同，开为七耳。

五、疑，于四谛等道理犹豫，为自性；能障不疑及善品，为业用。四谛是佛家根本义理，故疑四谛，对修佛道而言，则为烦恼。又以犹豫故，善品不生，故说为障善品也。此心所有义以慧为体。然护法则谓别有自性。今按：疑有二种。第一种只是犹豫不决，并无推求抉择之作用，亦不引起故思业（有意义的行为）者，此种疑，即护法所指别有自体之疑。第二种，乃寻思观察而尚未判断之分位：此种疑，则以遍行心所中之思及别境心所中之慧为体，是分位假法。烦恼中之疑心所属第一种，故以护法之说为当。

六、恶见，亦名不正见，即染慧上于诸谛理颠倒推度之作用。此是慧与痴并起之分位假法，离慧、痴外无别自体。其行相有五种：行相之（一）萨迦耶见，萨是移转义（移转有不固定及可败坏之意），迦耶是和合积聚义，引申为身义；于依他（他谓众缘）移转之身，执为我及我所（我所，具云我之所有），故名移转身见。（经部师解作伪身见，说一切有部师解作有身见，今皆不取。)（二）边执见，即于前所执之我上，复执为常住不变，或执为死后断灭。（三）见取见，于余诸见之中，随执一见及其所依五蕴（即己身）为最殊胜，能得涅槃。取是坚执之意。（四）戒取见，于随顺诸见所制定之戒禁，及其所依五蕴，执为最胜，能得涅槃。（五）邪见，谤无因果（善行引乐果、恶行引苦果等），谤无作用（从此世往他世等作用），谤无实事（世间有真阿罗汉等实事）等非余四见（萨迦耶见、边执见、见取见、戒取见名余四见。或谓谤因、谤果、谤作用、谤实事名余四见者非；参考灵泰《识论疏钞》）所摄诸余邪执。

此六种烦恼，依现起之异致，各有俱生及分别二类。其行相深远，与生俱有，不待思虑分别而后起者，名为俱生烦恼。其行相粗显，要待不正学说、不良风气及自身谬妄思虑分别而后生者，名为分别烦恼。贪、瞋、痴、慢四烦恼，各有俱生、分别二类。疑唯分别起。恶见中，萨迦耶见及边执见，亦通俱生、分别；见取见、戒取见及邪见三，唯分别起。（参看《识论述记》三十六、三十七。）

此类心所，若废假存实，只余五种，如下表：

烦恼心所 ┬ 贪
　　　　├ 瞋
　　　　├ 痴
　　　　├ 慢
　　　　└ 疑

第五类，随烦恼心所。此类心所，由烦恼心所引生，随根本烦恼而起，故名随烦恼。依《显扬》等论，其数有二十。

一、忿，对现在所接触之不饶益境而起愤怒。此依瞋之分位假立。不饶益境者，谓令己不愉悦事。

二、恨，于先时所忿怒之事，后时怀怨不舍。亦依瞋之分位假立。

三、恼，追忆先时忿恨之境，复触现前不如意事，心中便起暴热、狠戾（嚣暴、躁热、凶狠、毒戾）。亦依瞋之分位假立；由忿而恨，由恨而恼，瞋相转深也。

四、覆，恐失财利或名誉，隐藏自所作罪。此依贪及痴两心所之分位假立；恐失利誉是贪，隐其不善是痴故。

五、诳，为获财利或名誉，本无德而诈现有德。亦贪及痴之一分，理由准前。

六、谄，为取他意或藏己失，曲顺时宜，诈现恭顺。亦贪及痴之一分；由贪名利及愚痴，始作曲顺时宜事故。

七、憍，于自己所有之盛事（如高贵种族、美貌、强壮、聪明、财富、权势等），深生贪著，昏迷傲逸。此亦贪之分位。

八、害，于诸众生，心无悲悯，损害逼恼。亦瞋之一分。

九、嫉，殉自身之名利，于他所有功德、名誉、恭敬、利养等，娟嫉不耐。亦是瞋之一分。

十、悭，于自所有学识或资财，不能惠施，秘藏吝惜。亦贪之一分。

十一、无惭，不顾自身及所学正法，轻贤德而不尊，拒善法而不从，为自性；能障碍惭及生长恶行，为业用。（参阅前惭心所条。）

十二、无愧，不顾世间之诃厌，崇敬暴人，尊敬恶法，为自性；能障碍愧及生长恶行，为业用。（参阅前愧心所条。）

十三、不信，与信相反，于实、德、能不忍，不乐，不欲，自性浑浊，复能浑浊余心、心所，为自性；能障净信及为懈怠所依，为业用。（参阅前信心所条。）

十四、懈怠，与精进相反，于断除恶事及修行善事中懒惰，为自性；能障精进及增长染法，为业用。设于染事而策勤者，亦名懈怠，退失善法故。

十五、放逸，与不放逸相反，不能防染，不能修净，纵恣荡逸。由懈怠与贪、瞋、痴有此作用，故是此三之分位，非别有自体。

十六、昏沉，令心、心所于境无堪任，为自性；能障轻安及障观，为业用。无堪任者，谓昏憒沉重，无所堪能任受。昏沉之自性是昏憒沉重，亦能影响其相应心、心所，令无堪任也。言"观"者，梵语毗钵舍那，此译为观，谓观察事理。又此心所与痴有别：痴于境迷暗，正障无痴，而非懵重；昏沉于境懵重，正障轻安，而非迷暗，故不同。

十七、掉举，令心、心所于境不寂静，为自性；能障行舍及障止，为业用。不寂静者，谓嚣浮动荡。掉举自性嚣动，亦能影响其相应心、心所，令不寂静也。言"止"者，梵语奢摩他，此译为止；是凝摄其心，止息妄念之意。

十八、失念，与念相反，于所缘境不能明记。此以念及痴各一分为体。按失念之所以列入随烦恼者，以念与痴相应，遂成染性；且为散乱所依故。念为定依；失念与之相反，为散乱依。

十九、不正知，于所观境谬解。此亦依慧及痴相应之分位上假立。

二十、散乱，与三摩地相反，令心、心所于所缘境流移荡逸（逸脱），为自性；能障正定及为恶慧所依，为业用。散乱自性流荡，亦能影响相应心、心所，令其流荡。此与掉举有别：掉举能令心、心所于一境起多种解，散乱能令心、心所数数更易其所缘境，不能自止。

此二十随烦恼，又别为三类：由忿至悭，凡十种，各别起故，名小随烦恼。无惭、无愧二，一切不善心起时，皆有此二与之俱起故，名中随烦恼。由不信至散乱，凡八种，一切染心（不善及有覆无记皆名染污，简称为染）起时，皆有此八与俱起故，名大随烦恼。

二十随烦恼，皆通俱生、分别二类。

又此二十随烦恼中，忿、恨、恼、害、嫉五者，皆瞋之分位；覆、诳、谄、憍、悭五者，皆贪之分位；失念是念及痴俱起之分位；不正知是慧及痴俱起之分位；放逸是贪、瞋、痴及懈怠之分位。（有

时由贪、痴、懈怠三法相应而成放逸,有时由瞋、痴、懈怠三法相应
而成放逸;贪与瞋必不相应,以体相违故。)故此十三个心所,唯
是根本烦恼上之分位假法,无别自体,今废之。其无惭、无愧、不
信、懈怠、昏沉、掉举、散乱等七,别有自体(体相之体,非实体之
体),皆是实有(相、用非无,依世俗谛说为实有,与真如不同),故
不可废。综合上文,表之如下:

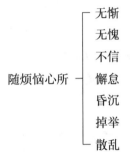

随烦恼心所 ┬ 无惭
　　　　　　├ 无愧
　　　　　　├ 不信
　　　　　　├ 懈怠
　　　　　　├ 昏沉
　　　　　　├ 掉举
　　　　　　└ 散乱

　　第六类,不定心所。此类心所,非如善心所之决定是善性,烦
恼、随烦恼心所之决定是染性;非如遍行心所之决定与一切心王相
应(更有余义,今姑不述);故名不定。依《显扬论》等,其数
有四:

　　一、睡眠,令身不自在,心极暗昧、轻略,为自性;障观,为
业用。身无力用,名不自在。心无观察之用,名为暗昧。行相疏
简,名为轻略。此乃入睡前之心作用,而非生理上的睡眠状态;亦
非是梦,以梦是独头意识之分位故。睡眠心所一说是依遍行中之
思及想之分位假立,一说别有自体。今用后说。

　　二、悔,亦名恶作,于先时所作或先时所未作之业,追悔,为
自性;障止,为业用。悔通善等三性。如悔先时不作善,此悔是
善性;悔先时不作恶,此悔是不善性;悔先时所未作事属无记性

者，此悔即无记性。悔能令心不安，故能障止。依《识论》，此心所有别体。今人熊十力谓悔依别境心所之念及慧假立。（参阅《佛家名相通释》上。）今按念能追忆先所已作或未作业，慧能于先所已作或未作之业辨其是非，皆是悔之因，非即是悔；应从《识论》。

三、寻，由思与慧，于事或理不深推度，思之作用强而慧之作用弱时名寻。故寻是依思及慧各一分上假立。

四、伺，由思与慧，于事或理能深推度，思之作用弱而慧之作用强时，名伺。亦依思及慧之分位假立。

以上四个不定心所，二实二假；今废假取实，则不定心所唯有睡眠及悔二者而已。

$$ \text{不定心所} \left\{ \begin{array}{l} \text{睡眠} \\ \text{恶作} \end{array} \right. $$

综括上文，五十一心所中，有假有实。实者有自种子（种子义见后），假者唯于他实法之分位上假立其名。今摄假以从实：废除假法，实得三十二种，如下表：

$$ \text{心所法} \left\{ \begin{array}{l} \text{遍行五 —— 作意、触、受、想、思} \\ \text{别境五 —— 欲、胜解、念、三摩地、慧} \\ \text{善八 —— 信、惭、愧、无贪、无嗔、无痴、} \\ \qquad\qquad \text{精进、轻安} \\ \text{烦恼五 —— 贪、嗔、痴、慢、疑} \\ \text{随烦恼七 —— 无惭、无愧、不信、懈怠、} \\ \qquad\qquad\quad \text{昏沉、掉举、散乱} \\ \text{不定二 —— 睡眠、悔} \end{array} \right. $$

（戊五）心所俱起之情况

在同一识聚中，心所与心所之间，有互相影响之作用；或一个心所起时，与别个心所相应而俱起；或此一心所起时，妨碍彼一心所令不得生。兹依窥基《识论枢要》之意（依其意而不尽同，学人可自参对），将三十二个心所间必俱起之情况，列表如下：

心所种类	心所名称	相应心所名称	必与俱起心所数
遍行	作意	触、受、想、思	五
	触	作意、受、想、思	五
	受	作意、触、想、思	五
	想	作意、触、受、思	五
	思	作意、触、受、想	五
别境	欲	作意、触、受、想、思	六
	胜解	作意、触、受、想、思	六
	念	作意、触、受、想、思	六
	定	作意、触、受、想、思	六
	慧	作意、触、受、想、思	六
善	信	作意、触、受、想、思、精进、惭、愧、无贪、无瞋、无痴	十二
	精进	作意、触、受、想、思、信、惭、愧、无贪、无瞋、无痴	十二
	惭	作意、触、受、想、思、信、精进、愧、无贪、无瞋、无痴	十二
	愧	作意、触、受、想、思、信、精进、惭、无贪、无瞋、无痴	十二
	无贪	作意、触、受、想、思、信、精进、惭、愧、无瞋、无痴	十二
	无瞋	作意、触、受、想、思、信、精进、惭、愧、无贪、无痴	十二

心所种类	心所名称	相应心所名称	必与俱起心所数
	无痴	作意、触、受、想、思、信、精进、惭、愧、无贪、无瞋	十二
	轻安	作意、触、受、想、思、信、精进、惭、愧、无贪、无瞋、无痴	十三
烦恼	贪	作意、触、受、想、思、痴、掉举、昏沉、不信、懈怠、散乱	十二
	慢	作意、触、受、想、思、痴、掉举、昏沉、不信、懈怠、散乱	十二
	疑	作意、触、受、想、思、痴、掉举、昏沉、不信、懈怠、散乱	十二
	瞋	作意、触、受、想、思、痴、掉举、昏沉、不信、懈怠、散乱、无惭、无愧	十四
	痴	作意、触、受、想、思、掉举、昏沉、不信、懈怠、散乱	十一
随烦恼	无惭	无愧、作意、触、受、想、思、痴、掉举、昏沉、不信、懈怠、散乱	十三
	无愧	无惭、作意、触、受、想、思、痴、掉举、昏沉、不信、懈怠、散乱	十三
	不信	作意、触、受、想、思、痴、懈怠、昏沉、掉举、散乱	十一
	懈怠	作意、触、受、想、思、痴、不信、昏沉、掉举、散乱	十一
	昏沉	作意、触、受、想、思、痴、不信、懈怠、掉举、散乱	十一
	掉举	作意、触、受、想、思、痴、不信、懈怠、昏沉、散乱	十一
	散乱	作意、触、受、想、思、痴、不信、懈怠、昏沉、掉举	十一

心所种类	心所名称	相应心所名称	必与俱起心所数
不定	睡眠	作意、触、受、想、思	六
	悔	作意、触、受、想、思	六

（丁七）心、心所之结构

识之意义是了别。既言了别，即有能了、所了。然此能、所之分，只是理论施设；事实上，有所了之处，即有能了，有能了之处，即有所了；不可分成两截。故今言识之结构，亦是理论上施设而已。（施设即安立，亦即建立。施设不同虚构；如地理学家于地球上施设经纬线，天文学家于天体运行之现象上施设轨道等，皆于学理上有其依据。）此有一分说、二分说、三分说、四分说之分。

一分说据云出于安慧。持此说者以为将一识（或心所）分剖为所知（相分）与能知（见分）只是妄执（遍计所执性），其实每一个识（或心所）皆是浑然一体，故实无相分、见分，唯有一自体分（自证分或识体）。今按若执实有划然的二分，诚是妄执。但若不执二分为实有自性，而知其为一个识（或心所）起现行时所变现之能、所二相，则非妄执矣。

二分说是最原始之说，大乘有轮经中已有其义。如《厚严经》云："一切唯有觉，所觉义皆无，能觉、所觉分，各自然而转。"（《识论》二引。）《解深密经·分别瑜伽品》云："此中无有少法能见少法。然即此心如是生时，即有如是影像显现。"又云："我说识所缘，唯识所现故。"无著造《摄大乘论》，始依之建立相、见二分。《识论》十师中，持此说者有亲胜、德慧、难陀、净月四家。彼等在理论上将每一个心王或心所析为二分。一曰相分。相者，相状义。一个心或心所起现行时，必带有所缘相状。（带者，不离之义。）如眼识起时，必带青、黄等相状；耳识起时，必带高、低、强、弱等声音之相状；鼻识起时，必带香、臭等相状；舌识起时，必带甘、辛等相状；身识起时，必带坚、湿等相状；意识起时，必带色、心等相状；末那常带自我之相状；赖耶常带种子、根身、器界之相状。此所带之相状，名为相分。二曰见分，见者，见照义，心、心所能照了其所带之相状，名见。此能见之作用，名为见分。见分是能缘，相分是所缘。合能缘、所缘二分而成一个心或心所。二分说建立之经过如是。

问：心、心所现行时，何以必带有所缘相状及具有能缘相状耶？答：心、心所现行时必带有所缘相者，其理由有：一、若缘青之心不带有青之相状，则无以异于不缘青之心。彼不缘青之心不带青之相状，吾人不说彼能缘青；今缘青之心既不带青之相状，何以独能缘青？此中有量云：汝缘青时之心实不能缘青（宗），汝许不带有所缘相故（因），如余不缘青时之心（喻）。故知不带有所缘相状之心、心所，必不能缘此所缘之境。（参考《识论》二及《述记》。）二、缘青之心与缘声、香、味等心，同是不带有青之相状，则何以此一能缘青，余则不能缘青？量云：汝缘声、香、味等之心亦应能缘青（宗），许不带有所缘相故（因），如缘青之心（喻）。故知不带有所缘相状之心、心所，应不能缘此所缘之境。（参考《识论》二及《述记》。）三、若心不带有青之相状而可以缘青，则除青外余一切法（如红、黄等色及声、香等境）亦得为专缘青时之心所缘，以同是无青之相状故。量云：除青外余一切法亦应为此专缘青时之心所缘（宗），汝许无所缘相故（因），如汝现所专缘之青（喻）。故知所缘之相状，必为能缘之心所带有。（以上说心、心所必带有所缘相之理。）心、心所现行时所以必具能缘相者，其理易知。此中有二量，以反证心、心所定有能缘相：一云，若心、心所无能缘相状，应非能缘（宗），无能缘相状故（因），如虚空等（喻）。二云，汝虚空等应是能缘（宗），无能缘相状故（因），如心、心所（喻）。（参考《识论》二及《述记》。）

三分说是陈那所建立。《识论》十师之火辨亦主此说。陈那将无著、世亲以来之二分说再加扩展，将原来之见分剖析为二：其向外之作用，仍沿用见分之名，而缩小其意义；其自己证知之内作用（即证知"外缘之结果"），则别立为第三分，名自证分。证者，证知；谓非由比度，而亲自证知"见分缘相分之结果"也。自证分是相、见二用所依之自体，故亦名自体。（能依名用，所依名体。）

问：何故须建立自证分？答：此有三义：一者，相、见二分，功用既殊；设无一共所依之自体，则此条然各别之二法，如何能相调协？此中有量云：汝眼识见分应不能缘相分色（宗），许与相分色条然各别故（因），如余识见分（喻）。二者，若未曾缘之境，必不能忆。见分心昔现在时，曾不自缘。既过去已，如何能忆此已灭之见分心；以不曾被缘故。唯见分心昔现在时，有自证分缘之，即以一分心缘另一分心，则无过失。有量云：过去不曾被缘之心，今时应不能被忆（宗），不曾被缘故（因），如不曾被缘之色（喻）。故知能被忆念之心，必曾被缘，而当时缘此心者，即自证分也。三者，能量量所量时，若无量果，则不成为量。如以尺量布时，布是所量，尺是能量，解数之智，名为量果；若无解数之智，空移尺度，不辨短长，云何成量？见分缘相分时，相分是所量，见分是能量，亦必有量果。有量云：心、心所见分之缘相分必有量果（宗），是能量量所量故（因），如尺之量布等（喻）。由上之义，故陈那造《集量论》时，乃建立自证分。一方面作为相、见二分所依之体，一方面又为所量、能量之量果，而后念心忆前念心之理亦得以说明。（参考《识论》二及《述记》。）

四分说是护法所建立。护法将陈那之三分说加以扩展，除相、见、自证三分外，别立第四分，名证自证分；此即能证知自证分者。四分说又将陈那所立自证分析而为二：证知见分者，名自证分（狭义的）；自己证知之内作用，名证自证分。此中有两个譬喻，以显示四分之作用：（一）心、心所之取境，如用尺量布。相分为所量，喻如布；见分为能量，喻如尺；自证分为量果，喻如知所量长短之智；证自证分又为自证分之量果，喻如能证明量度结果正确之人。然能证明此人之有无误证，又不外以尺量布而知其长短也；故能证知第四分者，又不外是第三分。是则第三分与第四分，乃互相证知之内部作用，无更立第五分之必要。

以图表之如下：

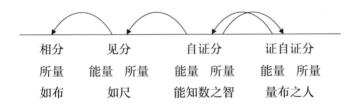

相分	见分		自证分		证自证分	
所量	能量	所量	能量	所量	能量	所量
如布	如尺		能知数之智		量布之人	

（二）相分如镜面上之影像，见分如将此影像映现之作用，自证分如镜面，证自证分如镜底，而本质则如照镜之人。（本质义详下。）如下图：

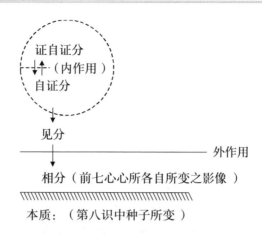

本质：（第八识中种子所变）

问：陈那之三分说，能量、所量、量果三者具备，便可成量；何须护法更立第四分耶？答：立第四分之义据有二：一、见分与自证分，皆是心分，且同有能缘之用；何以见分须有别一心分（自证分）证之，而自证分独不尔？量云：自证分应别有能证之心分证之（宗），心分摄故（因），犹如见分（喻）。或返此难见分云：汝见分应无别能证之心分证之（宗），心分摄故（因），如汝自证分（喻）。二、见分与自证分，皆是能量；何以见分得有第三分（自证分）为其量果，而自证分独不须别一心分为其量果？量云：自证分应有量果（宗），能量摄故（因），犹如见分（喻）。彼若救言，我之见分得返为第三分之量果者；此不应理。何以故？以自证分之证知见分，唯是现量，无比、非量；而见分之缘相分，有时非量摄故。故不应言见分为第三分之量果。由此理，须建立第四证自证分。第三、第四，互为量果，不须更立第五心分，无无穷过。

此四分与三量相摄，则相分不能量度，故不属于三量。见分之量，随识而异：前五识之见分，唯是现量；第六识之见分，通于三量（此就有漏第六识言）；第七识之见分，唯是非量（亦就有漏第七识言）；第八识之见分，唯是现量。自证分及证自证分，皆唯现量。（参考《识论》二及《述记》。）

四说中除一分说外，皆将每一识之心王剖析，依次析为二分乃至四分。依同理，每一识之相应心所，亦可析为二分及至四分；每一心所四分之量，亦准心王。

又此诸说，开合不同，取义有别；然应以二分说为基本；因后二分是从见分析出，且与见分同一种子生故。

（丁八）心、心所之性类

佛家将一切法分为有漏、无漏二种（见前）。有漏法中又有善（有漏善）、不善（恶）、无记三类。能招可爱果者，名善。能招不可爱果者，名不善。不能招可爱及不可爱果者，名无记。记是志别；既不能招可爱及不可爱果，故不可志别其善恶也。无记性中，复分有覆无记无覆无记。覆有覆障及覆蔽二义。能障无漏道，令不得生起，是覆障义。（无漏道指无漏有为法，尤特指无漏智。此无漏有为法，于四谛中道谛所摄，故称为道；非道理之谓。）能蔽自心，令不明净，是覆蔽义。无障碍隐蔽之作用者名为无覆。一切法之性类表摄如下：

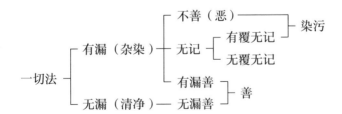

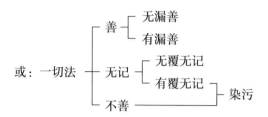

众生之心、心所，亦有如是之不同性类。凡夫从无始以来，有漏心、心所一向现行，纵有无漏心、心所种子隐存于心中，亦不得流露；须从有漏善法下工夫，用力既久，积集有漏善法既多，即以有漏善为增上缘（增上缘义见后）引发无漏心、心所，使之现行。初次现行时，是为见道。见道以后，不断培养无漏心、心所，使对治有漏心、心所，终于无漏流行，有漏净尽，则名为佛。故就凡夫言，唯有有漏心、心所现行；见道后始有无漏心、心所发现；成佛以后，心、心所始全是无漏。

八识中，赖耶是无覆无记性，末那是有覆无记性，前六识各各俱通善、恶、无记三性。将于下文说明之。

上文所述诸心所中，遍行、别境、不定三类心所俱通善、不善、无记三性。例如与赖耶相应之触，性同赖耶，唯是无覆无记性；与末那相应之触，性同末那，唯是有覆无记性；与前六识中任一识相应之触，各各与其心王同性，如善性之意识，其相应之触必是善性，不善性之意识，其相应之触亦必是不善性等。由是应知，触体非一，实有多数，或是善性，或是不善性，或无记性；随其所应，各与其同性的心王相应。触如是，余四遍行、五别境、二不定皆可准知。

善心所，唯是善性。

烦恼、随烦恼心所之与末那相应者，是有覆无记性。此等心所，虽能障碍圣道，隐蔽自心，成有覆义；然以任运而起、非筹度故，行相深隐、非粗猛故，是无记法。烦恼、随烦恼心所之与第六意识相应者，筹度力强故，行相粗猛故，皆是不善性。其与前五识相应者，任运起故，非筹度故，由意识所导引故，通不善及有覆无记性。（有说亦通三性，理必不然；以烦恼及随烦恼，体是染法，无通善及无覆无记之理故。）

（丙三）阿赖耶识论分十二：丁一、阿赖耶识建立之义据，丁二、第八识之异名，丁三、赖耶之三相，丁四、赖耶之四分，丁五、赖耶相应诸心所，丁六、赖耶缘境王所差别，丁七、赖耶含藏自种子，丁八、赖耶之性类，丁九、赖耶恒转如流，丁十、赖耶是众生与世界根本，丁十一、第八识之转依，丁十二、赖耶断时前七有漏识亦断。

（丁一）阿赖耶识建立之义据

每一众生各具八识，每一识各有若干心所，每一心或心所各析为相、见二分等。一切心及一切心所，总括而言，只是无数相分、见分而已。（自证分及证自证分摄入见分中。）而此无数相分、见分，各各从自种子而生。（种子义详后。一部分相分与见分同种子生；一部分相分别有种子，不与见分同种。）由种子各别故，从种子所生起之相、见，遂各自成一单体。然则所谓一个众生者，只是一堆种子或一堆相分、见分耳。此一堆种子或相分、见分为是散沙一盘，都无统摄耶？抑有一种势力统摄之耶？唯识家就诸行观察，以为相分、见分之排列，极有条理，甚且可以数学解析之；相分、见分之生起，又极有秩序，甚且可从数理以推究其因果。彼等复从定中体验，觉此千条万绪的相、见及其种子，有一种生生不息的力以统摄之。此力并非永恒不变的主宰，而是与诸种子、诸相见每一刹那俱生俱灭之连续，名之曰阿赖耶识。（此识有众多名称，详后。）阿赖耶识即建立以说明此力量者。此识之所由建立，在理论上则有二义：

一、含藏一切种子故——一切现行相、见，非无因而得起；故建立"种子"以为现行之因。然种子是个别的，其数无量，故建立阿赖耶识，为种子所藏之处。阿赖耶者，藏义，处义；是一切种子所藏处故。

二、为前七现行识作根本依故——一切现行相、见，若只任其散漫而无有统摄，于理论上亦说不通。故建立赖耶，为前七识或一切相、见作根本依。根本依者，谓前七识通依此识为根本故。赖耶为前七识之根本依，可从总、别两方面观察：（一）总合前七识言之，前七识诸相、见，各各有自种子为因，故得生；本非赖耶所亲生。然诸种子皆藏伏赖耶中故，又诸种子是赖耶之相分故，故说赖耶为前七识作根本依。（二）自前七识各别言之，前五识各各依其自色根而得生，而五色根由赖耶所执受而始有用，亦为赖耶之相分；故前五识得云以赖耶为根本依。第六意识以末那为根而得生，而末那又以现行赖耶为根而后得生，故第六识得云以赖耶为根本依。第七末那识以赖耶为根而得生，"依"义更为明显。《识论》等说赖耶为根本依，其义在此。

（丁二）第八识之异名

诸经论于第八识一体之上，随其所具种种差别义相，而立多名。

一名阿赖耶识。阿赖耶者，藏义。故亦翻为藏识。藏有三义：一、能藏义；此识能摄藏一切有漏诸种子故。即依此义，说此识是能藏，种子是所藏。二、所藏义；一切有漏种子隐藏于此识自体（即自证分）中故。即依此义，说种子是能藏，此识是所藏。三、执藏义；第七末那识坚执此识为自内我（自我及内我），藏护不舍故。虽有三藏义，正取执藏。

二名种子识。以能摄持诸行种子，令不失故。

三名异熟识。此识是能招引生死诸善、恶业之异熟果故。（业及异熟果义见后。）

四名阿陀那识。梵语阿陀那，译为执持。谓能执持一切种子，及执受有根身故。（言执受者：执为自体，持令不坏，名执；领以为境，能生觉受，名受。）

五名所知依。所应可知，故名所知，即是一切有漏、无漏诸有为法。依是因义。赖耶是一切有为法之因故，能引一切有为法故。

六名根本识。谓前七识通依此识为根本故。（依是仗托之义，非亲生之意。）

七名无垢识。旧译名阿摩罗识。第八识舍有漏，得无漏，此后有漏种子无余断尽，唯有无漏种子现行不息；此时之第八识，自体纯净，复不为有漏前七识所蔽覆，名无垢识。第八识有有漏、无漏二种。从有漏种子生者，是有漏第八识。从无漏种子生者，是无漏第八识，即名无垢识。有立此识为第九识者，谬也。

八名心。义已见前。

此外尚有多名，以无关宏旨，从略。

（丁三）赖耶之三相

阿赖耶识有三相（义相之相，非体相之相）：一者，因相，谓赖耶能藏一切种子，由此种子能生诸现行法，故说赖耶为诸现行法之因；即由此义，说为赖耶之因相。（依此义相，说赖耶为一切种子识。）二者，果相，谓赖耶受熏而为一切种子所藏之处，即以能熏之一切现行相、见为因，而说此受熏之赖耶为果；即由此义，说为赖耶之果相。（依此义相，说赖耶为异熟识。）三者，自相，谓赖耶之自体，能包摄因、果二相，而为此二相之所依；故因、果二相只是自体上之别义；自谓自体，相谓义相。此义相所以显示赖耶自体，故名自相。（参考《识论述记》十二。）

（丁四）赖耶之四分

一切心、心所皆可析为二分乃至四分，赖耶亦不例外。赖耶能变现种子、根身、器界而缘之；此能缘之作用为赖耶之见分；其所变之种子、根身、器界，为赖耶之相分。吾人复可从理论上将一见分析为三分，而建立相、见、自证、证自证四分。唯其见分之活动状况，深沉微细；其相分中之五净色根及诸种子，亦极微细；其相分中之器世界，其量难测；故《识论》用夸大的语气说赖耶之所缘（相分）及行相（见分）皆不可知。

（丁五）赖耶相应诸心所

赖耶无始时来，乃至成佛之前，唯与触、作意、受、想、思五心所相应；以此五是遍行心所故。既转依后，其无漏第八识（即无垢识）有几心所相应，则《识论》说除五遍行外，尚有别境五，善十一，共二十一心所相应。然此是成佛后事，非吾人所能体验。

问：赖耶何故与作意相应？答：警觉心种及引心趣境故。问：何故与触相应？答：调协诸心所及与境相调适故。问：何故与受相应？答：赖耶非机械，不麻木故。问：何故与想相应？答：能取境者必取像故。问：何故与思相应？答：能为有目的之行为及能作适应环境之行为故。（参考英人祖德[Joad]著《物质生命与价值》上一三页。）问：何故此识不与别境等心所相应耶？答：互相违故。欲，希求冀望所好乐境；此识则任运而起，无所希望。胜解，印持"曾为犹豫而今得决定"之境；此识瞀昧，不能印持。念，唯记忆曾所习境；此识昧劣，不能明记。定，能令心专注所观之境；此识任运刹那别缘。慧，能简择所观境之是非善恶；此识微昧，不能简择。故赖耶不与五别境心所相应。此识是无覆无记性故，与善及烦恼皆不相应。不定心所通于三性，非定无覆无记；故与此识亦不相应。

（丁六）赖耶缘境王所差别

赖耶及其心所皆缘种子、有根身及器世界三者为境，然有亲疏之不同。兹分别述之。

一、缘种子——种子依赖耶心王自体（即自证分），非依心所自体。故赖耶见分得亲缘种子，即以种子为其相分（亲所缘缘），不须别变影像而缘之；心所缘种子，则不能亲缘，必须以种子为本质，别变影像为相分而亲缘此影像。

二、缘有根身——有根身为赖耶心王所执受（言执受者：执是摄义、持义；执为自体，持令不坏故。受是领义、觉义；领以为境，能生觉受故），非为心所所执受。故赖耶见分得亲缘有根身，即以根身为其相分（亲所缘缘），不须别变影像而缘之；心所缘有根身，则不能亲缘，必须以赖耶所执受之有根身为本质，别变影像为相分而亲缘此影像。

三、缘器世界——器世界即大种（犹云元素）及大种所造色（犹云由元素所成之物质，简称造色）之在身体外者，是赖耶中大种种子及造色种子各别所变；如眼识缘红色时，红色中之大种种子起现行而变为大种，红色之种子起现行而变为红色；此二种现行皆为眼识之所缘。（疏所缘。近人熊十力则谓大种不为眼等五识所缘，唯为第八识所缘；见所著《唯识概论》。然此说经吕澂等辨其非理，见《内学》第二辑。）此外大种及所造色亦为赖耶所亲缘，以是赖耶之相分故。然此外大种及所造色不为赖耶心所所亲取，以非依赖耶心所自体，亦非心所所执受故。故赖耶心所之缘器世界，亦须别变影像而缘之。

故赖耶之缘种子、根身、器界，皆亲取之。赖耶心所之缘种子、根身、器界，皆不得亲取也。

（丁七）赖耶含藏自种子

一切行从赖耶自体中所藏之自种子而生，赖耶亦不例外，从其所藏之自种而生。（此中"生"字，非由甲物事生出乙物事，如母生子之谓，乃由潜隐的功能成为显现的物象之谓。）赖耶虽从自种子生，却与种子互为能所，因果同时。云何互为能所？从一方面言，赖耶之自种子为能生，而赖耶为其自种子之所生。从别一方面言，赖耶自种子及前七识之种子，皆为赖耶现识之所藏，而赖耶则为能藏。故赖耶与其自种子互为能所。

云何因果同时？赖耶自种子能生赖耶，名因。赖耶是其自种子之所生，名果。同时者，于同刹那中，因果并在，非因先果后故。以因果同时故，赖耶得含藏其自种子。如赖耶先在，种子后生，即因果不同时，便不可说含藏其自种子。

（丁八）赖耶之性类分二：戊一、赖耶是有漏性，戊二、赖耶是无覆无记性。

（戊一）赖耶是有漏性

种子之性类，分有漏、无漏二种。种子所生之现行，性从其种。故有漏种子所生现行，定是有漏性；无漏种子所生现行，定是无漏性。赖耶唯从有漏种子生，故赖耶性是有漏。

（戊二）赖耶是无覆无记性

赖耶是善、恶法之所共依；若是善性，应不为恶法所依；若是恶性，应不为善法所依；互相违故。又此识是所熏之处（熏义见后）；若是善性或恶性，如极香、极臭之物，应不受熏。故赖耶是有漏性中之无覆无记性摄。

（丁九）赖耶恒转如流

赖耶是宇宙与生命之根本，虽一类相续，常无间断，而非常住；虽念念生灭，前后变易，而非断灭。何以故？若是常住，则坚密而不能受诸法之熏习。然此识无始时来，前因灭，后果生，念念生灭，前后变异故，能受诸法之熏习，故非常住。若是断灭，则不能持诸法种子令不失坏。然此识无始时来，一类相续，无间断故，能持诸法种子，故非断灭。以非断故，说之为"恒"。以非常故，说之为"转"。此识同时具此"恒""转"两义，犹如暴流，不舍昼夜，前水引后，后水续前，前后变异，中无间断。

问：赖耶既非常住，则何以本宗典籍又说赖耶、末那是"恒行"识耶？答：恒行者，谓其恒时现行，无有间断，如人虽死，而此二识不随形骸俱亡。佛家用"恒"字，有其二义：一、相续恒，如赖耶、末那是。二、不变恒，如真如是。此用前义，相续不断名恒，非永恒不变名恒也。但此只就众生分上说；若至成佛，则第八、第七两识，皆舍染得净，即赖耶、末那亦不行矣。又"恒行"一词，乃对前六识而言。前六识有不现行时，名"不恒行"识。如极重睡眠及死亡时，六识皆不现行。（但六识种子自藏伏赖耶中。）赖耶是前七识之根本依，宇宙、人生由此建立；由有赖耶，根身、器界方得有故。故赖耶是恒行识，无有断绝。

（丁十）赖耶是众生与世界根本

阿赖耶识中藏有眼等五色根种子，此种子起现行而生眼等五根：；复藏有色等五境种子，此种子之一部分现行而生扶根尘（根所依处，略当于世人所谓肉体）；复藏有前七转识种子，此种子起现行而生前七识。故赖耶是众生个体生起之根本。

阿赖耶识中藏有色等五境种子，此种子之一部分现行而生器世界。故赖耶是器世界之根本。

一切众生，各有一阿赖耶识现行。众生无量，即阿赖耶识亦无量。此无量数之阿赖耶识，同是真如体上之用，同是第八识类，同在一处而互相周遍，同是贯彻过去、现在、未来三世；体、类、处、时四者皆同，非无展转相资之义，即彼赖耶与此赖耶得互相扶助而生起（互为增上缘）。故赖耶是一切众生互相生起之根本。

本段所说义趣，参考《显扬论》十七。

（丁十一）第八识之转依

赖耶虽含藏一切有漏、无漏种子，而赖耶自身却是有漏；故无漏种子不得发现。故吾人之生命，只是有漏种子所生之赖耶而已。然第八识分有漏、无漏二种。众生自无始有生以来，其第八识唯从有漏种子所生，名之曰赖耶。此赖耶非可宝贵之物，乃生死流转之根本也。众生以是故，应发求菩提之愿（菩提者，觉义），发心小者，但求证取一个寂然无生命之无余涅槃（日本学者木村泰贤则谓无余涅槃非全无生命之空寂，见所著《原始佛教思想论》），修行八正道，渐断赖耶中有漏种子，速则一生，迟则数十世，有漏种子断尽，即赖耶亦俱断；以其所从生之有漏种子已断故；尔时便入无余涅槃。若心愿大者，积劫修行自利利他之行，渐断赖耶中有漏种子，渐渐发现寄存于赖耶中之无漏种子。久之，有漏种子断尽，即赖耶亦俱断。（理由同前。）但赖耶虽断，而非第八识断。盖有漏种子断尽时，赖耶即断；斯时寄存于赖耶中之无漏种子发现，无漏第八识种子生无漏第八识。此新起现行之无漏第八识，不可复名之以赖耶；以不复为第七识所执藏故；但名无垢识而已。此无垢识，则永无可断。故有漏种与赖耶断时，只是舍有漏第八识，非舍无漏第八识，所谓转依是也。言转依者，谓转舍有漏第八识，而转得无漏第八识。前后第八识虽相续，而后者与前者确非一体；前后种子性类异故。

（丁十二）赖耶断时前七有漏识亦断

当赖耶自种子与赖耶并断时，其前七有漏识之种子与由此有漏种所生之有漏前七识，皆先时或同时断。但前七无漏种子生无漏前七识。广如《识论》等说。

（丙四）末那识论分八：丁一、末那得名，丁二、末那无始时来与赖耶俱起，丁三、末那识建立之义据，丁四、末那之所依，丁五、末那以赖耶见分为所缘，丁六、末那相应诸心所，丁七、末那之性类，丁八、末那伏断分位。

（丁一）末那得名

第七识名末那。末那是梵语，义译为"意"。意者，思量义。前已言之，八个识皆得名心，名意，名识。若就其独特之作用言，则唯第八以"集起"义特胜，故独名心；第七以"思量"义特胜，故独名意；前六识以"了别"义特胜，故名为识。

云何言第七识以思量义特胜故独名为意耶？由二义故。一、恒思量义。末那恒时（念念相续名恒）攀缘赖耶，起思量用，坚执为内在的自我；此即恒思量义。二、审思量义。末那攀缘赖耶，起计度分别，坚著我相；"审"是计度分别之义。第八识虽恒思量，而非是审；以无计度分别故。第六识虽审思量，而非是恒；以有间断故。前五识虽能思量，而非恒非审；以有间断，又无计度分别故。唯此末那，具备两义，能恒审思量；故独名为意。

（丁二）末那无始时来与赖耶俱起

赖耶以第七末那识为所依根。赖耶自无始时来（由无始之始以来）至转依之前刹那，无断绝时，第八地以后，识体不变，但不名赖耶，以不为第七识所执故；故其所依根——末那识——亦应恒时现起；否则赖耶便有中断之时。又末那恒缘赖耶执为自我；所缘既不断绝，则末那缘之而起我执，此我执亦得不断绝。故《识论》等谓末那无始时来与赖耶俱起常恒相续，以赖耶之见分为本质，自于识上别变相分而缘之，思量为我而坚执不舍。

问：末那缘赖耶，何不亲缘之，而必别变相分耶？答：八识各各独立，故每一识之所缘，皆其自变之相。故末那缘赖耶，亦须变相。

（丁三）末那识建立之义据

小乘只说六识，不谈第七、第八。大乘《解深密经》等始建立第八识，《解脱经》及《瑜伽论》等亦立第七末那识。末那识之所由建立，其义据有二：

一、由与第六意识为根故。（义见前后文。）

二、众生恒有微细我执及微细无明现行故。此微细我执及微细无明（此无明名曰恒行不共无明；以无始以来恒时现行，有障无漏智之胜用，而此种胜用非前六识所共有故）乃众生不能转凡为圣之根本；又此我执及无明，恒时现行，必非与前六相应之我执与无明，以前六识有间断故；故立末那以作所依之心王。由有末那恒起我执及无明故，外令前六识恒成有漏，内令第八识不得转成无漏。所谓外令六识成有漏者：谓由末那恒起我执及无明故，末那自身是染污性；末那为根而生意识，意识亦成有漏（根能影响识，如根不健全则识不明了是），有漏意识导令前五识亦成有漏故。所谓内令第八不得转成无漏者：由有漏前七识恒现行，常熏有漏相、见种子入第八识中故，障碍第八识中无漏种子，令不得发现；有漏第八识不断，无漏第八识便不得起也。

（丁四）末那之所依

依是仗托义。识之生起，须有所仗托。此所仗托者，名为所依。诸识皆有三种所依：

一、因缘依，亦名种子依，即诸识之各自种子；现行名果，能生现行之种子名因缘故。

二、俱有依，亦名增上缘依。言俱有者，谓每一识之根，如眼识所依之眼根，乃至赖耶所依之末那是。此所依之根与识俱时存在，故名俱有。言"增上"者：于识有扶助力，令能生起，故名增上。一切识及心所，若无所依根，定不得起，故此俱有依，要具三义：一者，有力；谓于识生起有扶助力。二者，亲；谓能直接影响于识。三者，内；谓在众生身体之内。

三、开导依，亦名等无间依，谓开避处所并引后念心、心所令起之前念心。每一类识在一刹那中不得二体并起，故必待前刹那识灭，让出其现行之位置，后念识方得起。言"等无间"者，是前后等齐，中无间隔之意。

第七识，以赖耶所摄藏之末那自种子为因缘依，以现行赖耶为俱有依，以前刹那之自识为开导依。

问：赖耶之所依又为何？答：赖耶以末那为俱有依，以赖耶自种子为因缘依，以前刹那自识为开导依。

问：晚近研究生理学及医学者，已证明人类之脑神经对于心意作用有大影响力；何故不言脑神经为意识之俱有依，而必曰末那为意识之俱有依耶？答：佛家言意根者有四说。一、小乘上座部以胸中色物（即心脏）为意根。此虽不及今人言脑神经者之精，但以意识所依根为物质的则同。二、小乘余部以无间灭识为意根。（参考《俱舍论·分别根品》。）三、《摄大乘论》除无间灭识外，复建立末那识，于是意根有二，即无间灭意及末那。四、《识论》等始肯定意根唯是末那。今依《识论》，唯以末那为意根；脑神经虽非根，然是重要增上缘；无间灭识是开导依，但非是根；《摄大乘论》兼取二种意根者，由小乘至大乘之过渡时期学说也。

（丁五）末那以赖耶见分为所缘

末那一切时缘阿赖耶识，自慈氏以来，都无异说。但末那缘赖耶，为唯缘其心王，抑兼缘其心所？为唯缘其见分，抑兼缘其相分？为唯缘其现行识，抑兼缘其种子？则答案颇不一致。

一、难陀等谓末那缘第八识之心王执为我，缘其心所执为我所；以心所不离识故。（意即心王、心所不相离，故缘心王时亦必兼缘心所。）

二、火辨等谓末那缘第八识之见分执为我，缘其相分执为我所；相、见二分俱以一识为体故。

三、安慧等谓末那缘现行赖耶执为我，缘赖耶种子执为我所；种子、现行皆名识故。

四、护法总非前说，谓末那但缘赖耶见分，执为自内我；以赖耶无始时来一类相续，似常、似一、恒与一切行为所依，有主宰义故；见分变境，作用显著，似于我故。

诸说中，以护法之说为胜。末那所以不缘赖耶心所者，以我相是一，而心所有多故。所以不缘赖耶相分者，以彼相分有根身、器界、种子三类别，非是一故。所以不缘其自证分及证自证分者，以自证分等唯是见分之内作用，与见分同一种子生故；作用微细难知故。（参考《述记》二十五。）

问：末那惟恒审思量我相，不缘别相耶？答：在有漏位，末那恒审思量我相；初见道后，末那亦审思无我相；故末那名，通有、无漏。

（丁六）末那相应诸心所

依《识论》，末那恒与十八心所相应，即我痴、我见、我慢、我爱四烦恼，触等五遍行，昏沉、掉举、不信、懈怠、放逸、失念、散乱、不正知八随烦恼，及别境中之慧。然此十八心所中，我见即别境中慧心所之妄执有我者，放逸、失念、不正知三种唯依余心所之分位假立（义已见前）；今并废之。故末那唯与下列十四种心所相应；

（一）触等五遍行——以一切识起定有此五心所相应故。

（二）别境中慧——此慧俱生恒续，唯缘赖耶之见分，妄执为我，不缘他事，故名我见，又名萨迦耶见。

（三）烦恼中之贪痴慢三——此贪，唯于所执之我，深生耽著，不贪别事，故名我爱（爱是贪之别名）。此痴，迷无我理，与我见相应，故名我痴。此慢，恃所执之我，而倨傲高举，故名我慢。

（四）随烦恼中之昏沉、掉举、不信、懈怠、散乱五——因末那性是染污，而此五随烦恼遍与染心相应故。

由于我痴、我见、我慢、我爱四心所恒与末那相应故，内令第八识烦扰浑浊，不得转成无漏，外令前六识恒成有漏。遂使众生恒起我执，生死流转，不能出离。（义已见前。）

问：何故此识与余心所不相应耶？答：欲，唯希望未遂合事，此识任运缘遂合境，无所希望；故不与欲相应。胜解，印持先所疑事及前未曾了解之事，此识从无始来恒决定计我，无须印持；故无胜解。念，唯记忆曾所习事，此识恒缘现所受境，不须追忆；故无有念。定，唯系心专注一境，此识任运唯缘赖耶见分，执为自我，无须系心，亦不缘异境；故无有定。善心所，体非染污，末那是染污性（有覆无记性与不善性皆属染污性）；故不与善心所相应。爱著我故，瞋不得生；故无有瞋。由见审决，疑无容起；故无有疑。无惭、无愧唯是不善；此识无记，故无彼二与之相应。恶作，追悔先所造业；此识任运恒缘现境，非悔先业；故无恶作与之相应。睡眠，必依身心浓重昏昧外众缘力（外众缘力谓疾病或凉风等），有时暂起；此识无始一类相续，向内执我，不假外缘；故无睡眠与之相应。

（丁七）末那之性类

末那于善等三性中属有覆无记性，以此识相应之我痴、我见、我慢、我爱是染污法故。此就有漏位言。若成佛后，则有漏末那已断，无漏末那恒时现行。

（丁八）末那伏断分位

末那在下述三种分位中暂时被压伏或永被消灭：

一、根本（无分别）无漏智及后得无漏智现行时。与此识相应之我痴、我见、我慢、我爱，任运生故，极微细故，非有漏智所能伏灭。但三乘无漏智则有伏灭之力。即生空无漏智与人我执相违，法空无漏智与法我执相违；生空无漏智（不论其为根本或后得）现行时，人我执即伏灭；法空无漏智（不论根本或后得）现行时，法我执即伏灭。故此位能暂伏灭染污末那之现行，是末那之暂灭位。

二、灭定。灭定是生空无漏智或法空无漏智之等流果（等流果义见后），是极寂静之无漏定故，亦无染污末那现行。故此位亦是末那之暂灭位。

三、三乘无学果及佛。与末那相应之烦恼极微细故，须至二乘有学最后心或菩萨十地满心时，金刚无间道无漏智现前，顿断其种子，分别证得无学果及佛果。故此位是染污末那之永灭位。

（丙五）前六识论分七：丁一、前六识皆有间断，丁二、前六识之差别，丁三、前六识之性类，丁四、前六识相应诸心所，丁五、前六识之所依，丁六、前六识之现起分位，丁七、前六识之五种心。

（丁一）前六识皆有间断

前六识与第八、第七不同。第八、第七恒时现行；前六识则有不现行时，如极重睡眠及死亡时，前六识便不行。又前六识皆缘粗显境而起了别。故自古以来，谈唯识者，常将前六识合为一类。

（丁二）前六识之差别

前六识中，前五识为一类，第六意识又自为一类。所以然者，由于：

一、前五识俱依色根（色根者，犹言物质造成的根），意识非依色根（意识以末那为根，末那非色故）。

二、前五识唯色境。（此"色境"非狭义的青、黄、赤、白等色，而是广义的，即物质造成之境，包括色、声、香、味、触五境，及法处所摄色。）意识能遍缘色境及非色境。

三、前五识唯缘现在境。意识能遍缘过去、现在、未来三世境。

四、前五识行相褊局，谓眼识唯了别色（狭义之色），不了别余声、香等境，乃至身识唯了别触，不了别余色、声等境。意识行相周遍，能遍了一切法。

五、前五识唯现量。意识则通三量。

六、前五识有间断。意识在人世中除（1）入无想定（无想定者：谓诸外道，以想为生死之因，欲解脱生死，便须灭想。于是假想以灭想，即先作意，起出离生死之想；观此想如病、如痈、如箭，无想是寂静微妙；于定中加功而行，厌患此想故，令此心想渐细渐微；由此，厌患想之心熏成种子；因此种子损伏心想种子，令前六识不起。此等心上分位，名无想定），（2）入灭尽定（灭尽定者：谓小乘人，由厌患粗动心、心所故，便起作意，止息此想，令心、心所渐细渐微；心渐细时，熏成厌心种子，入第八识中；此厌心种子之势力，能损伏前六识及染污末那识。即依此等心分位上，立灭尽定之名），（3）无心睡眠（极重的睡眠，前六识通不现行，故名），（4）无心闷绝（极重的闷绝，前六识亦不现行，故名），四种情形外，常起现行。（于此四种情形外，再加无想报一种，名为五位无心。）

意识依其分位之不同，可分为二种：一、五俱意识（亦称明了意识），谓前五识起时，定有意识与之俱起；如眼识起时，必有意识同时生起，乃至身识起时，亦必有意识俱起；此与前五识俱起之意识，名五俱意识。二、不俱意识，即不与前五识俱起而单独发生之意识。

五俱意识有三种功用；一、能助前五识令起故；前五识之分别力微劣，要由意识引导，方能起了境用；若无意识与俱，五识定不生；譬如师导弟子解义，解义虽由弟子，而必藉师之引导也。二、于所缘色等五境，能明了深取其相故；五识与意识俱则能生起，意识与五识俱亦更明了；二者相依，分明证境也。（现量证境。）三、能引后念寻求意识（即五心中寻求心之意识。五心见后）起思虑故；若无五俱意识，则后念意识应不能追寻前念五识所取境相，以五识与意识体各别故。如眼俱意识与眼识同缘青境时，唯是现量。（五同缘意识）。但眼俱意识起时，即有功用，能引后念"五后意识"令起。（五后意识见后。）五后意识起时，即于前念所证青境，而起追忆寻求，谓此是何色耶？是青色抑赤、白等色耶？或此是衣青抑花青耶？如是等。五俱意识可细分为五同缘意识及不同缘意识二种。与前五识同缘一境者，名五同缘意识。若不与五识同缘一境而别缘异境者，名不同缘意识。

不俱意识又再分为五后意识及独头意识二种。若虽不与前五识俱起，然非截然与前五识相离，而在前五识缘境后相续现行者，名五后意识。不与前五识俱起而孤独现起者，名独头意识。独头意识中又细分为三种：凡单独生起，追忆往事，预想将来，或比较推度种种事理者，名独散意识（独者，简别五俱位，散简定位）。在梦中现起者名梦中意识（此实是独散意识，因其行相昧略，异于寤时，故别立此名）。在色、无色界一切定中，前五识不

现行时,缘当前境之意识,名定中意识(已得自在者之定中意识,亦得与五识俱起。然今据未得自在者言)。如下表:

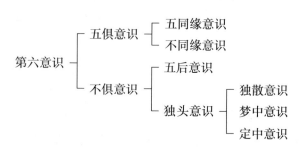

五俱意识中,五同缘意识,于三量中定是现量:缘现在、现前、显现境故。不同缘意识,虽与五识同起,却是别变影像而起筹度,故非现量,通比量或非量。(如眼睛现见青色而缘青之自相时,同时并起之意识却缘青之共相,则此意识之量是比量。如眼识现见青色而缘青之自相时,同时并起之意识却误以为蛇,而缘蛇之共相,则为非量。)不俱意识中,五后意识必非现量,以不缘现在、现前、显现境故;通比量及非量。(如眼识先见彼处有烟,意识后断彼处有火,是比量。如眼识先见彼处有烟,意识后断彼处有鬼神,则是非量。)独散意识及梦中意识,亦定非现量,通比量及非量。定中意识,必是现量;以定心湛澄,行相深细,能缘冥会所缘,浑然为一,不须筹度故。表摄如下:

意识种类	五同缘意识	不同缘意识	五后意识	独散意识	梦中意识	定中意识
量别	现量	比量非量	比量非量	比量非量	比量非量	现量

(丁三)前六识之性类

前六识皆通善、不善、无记三性。与善心所相应者,属善性。与无惭、无愧相应者,属不善性。既不与善心所相应,亦不与无惭等相应者，属无记性。前六识中，意识是作意分别之识，故自成三性。前五识是任运生起之识，故其属于何性必由意识引导，即与前五识俱起之意识属于某性，则前五为其所引导，亦属某性。故第六意识之是善是恶等,是自力的;前五识之善恶等,是他力的。以上所言，亦就众生分上说。若成佛后，则有漏前六识已断，其前六识唯是无漏。

（丁四）前六识相应诸心所

前五识之心所，旧说有三十四个，即遍行五，别境五，善十一，烦恼中贪、瞋、痴三，随烦恼中昏沉、掉举、不信、懈怠、放逸、失念、散乱、不正知、无惭、无愧十。今去假存实，则前五识之心所，计有遍行五，别境五，善中信、精进、惭、愧、无贪、无瞋、无痴、轻安八，烦恼中贪、瞋、痴三，随烦恼中昏沉、掉举、不信、懈怠、散乱（此五名大随烦恼，即与染心俱起之随烦恼，有覆无记及不善心生时，必相应故）、无惭、无愧（此二名中随烦恼，即与不善心俱起之随烦恼，一切不善心起时，必相应故）七，共二十八个。第六意识，通与一切心所相应。兹将前六识之心所，去假存实，表之如下：

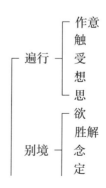

遍行 ┬ 作意
　　　├ 触
　　　├ 受
　　　├ 想
　　　└ 思

别境 ┬ 欲
　　　├ 胜解
　　　├ 念
　　　└ 定

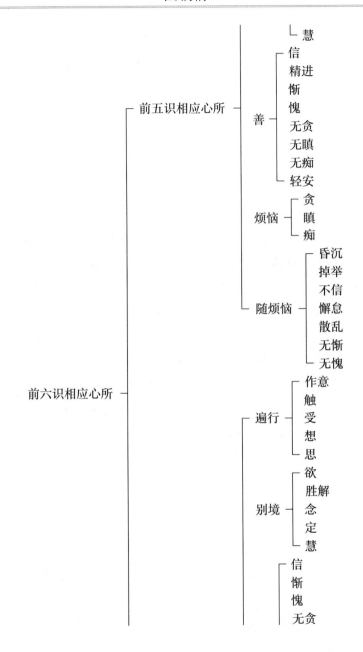

前六识相应心所 ─┬─ 前五识相应心所 ─┬─ ... ─ 慧
│ │ 善 ─┬─ 信
│ │ 精进
│ │ 惭
│ │ 愧
│ │ 无贪
│ │ 无瞋
│ │ 无痴
│ │ 轻安
│ │ 烦恼 ─┬─ 贪
│ │ 瞋
│ │ 痴
│ │ 随烦恼 ─┬─ 昏沉
│ 掉举
│ 不信
│ 懈怠
│ 散乱
│ 无惭
│ 无愧
│ 遍行 ─┬─ 作意
│ 触
│ 受
│ 想
│ 思
│ 别境 ─┬─ 欲
│ 胜解
│ 念
│ 定
│ 慧
│ 信
惭
愧
无贪

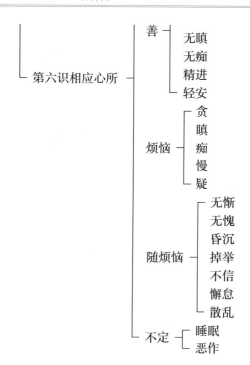

又前六识相应之受，由于前六识有间断及有转变故，苦、乐、舍三种受得更互而起；故前六识皆与三受相应，即遇顺情境时起乐受，遇违情境时起苦受，遇非顺非违境时起舍受。

问：前五识何故不与余心所相应？答：烦恼心所中之慢及疑，必由随念、计度二种分别方起；前五识无此二种分别，故无慢、疑相应。不定心所中之恶作、睡眠，要由强思加行方起，非任运生故，故非相应。

（丁五）前六识之所依

前六识各以赖耶所藏之自种子为因缘依，各以自根为俱有依，各以前念自识为开导依。如次表：

识名	俱有依	因缘依	开导依
眼识	眼根	眼识种子	前念眼识
耳识	耳根	耳识种子	前念耳识
鼻识	鼻根	鼻识种子	前念鼻识
舌识	舌根	舌识种子	前念舌识
身识	身根	身识种子	前念身识
意识	末那	意识种子	前念意识

（丁六）前六识之现起分位分三：戊一、诸识现起所依之缘，戊二、诸识俱不俱起，戊三、六识于一时中缘境多少。

（戊一）诸识现起所依之缘

一切识起现行，皆藉多缘（条件）。缘有九种：（一）空，谓空隙；（二）明，谓光明；（三）根，即俱有依；（四）境，谓所缘之境；（五）作意，谓作意心所；（六）根本依，谓现行的第八识；（七）染净依，谓第七识；（八）分别依，谓第六识；（九）因缘依，谓自种子。前八为外缘，后一为内缘。诸识现行必依内缘；惟所须外缘多寡不一。如次表：

识	所借众缘									所借缘数
眼识	种子	根（眼）	境（色）	作意	根本依	染净依	分别依	空	明	九
耳识	种子	根（耳）	境（声）	作意	根本依	染净依	分别依	空		八

续　表

识	所借众缘								所借缘数
鼻识	种子	根（鼻）	境（香）	作意	根本依	染净依	分别依		七
舌识	种子	根（舌）	境（味）	作意	根本依	染净依	分别依		七
身识	种子	根（身）	境（触）	作意	根本依	染净依	分别依		七
意识	种子	根（第七）	境（一切法）	作意	根本依				五
第七识	种子	根（第八）	境（第八见分）	作意					四
第八识	种子	根（第七）	境（种子、根身、器界）	作意					四

若加等无间缘，则前表中八识上各添一缘。

（戊二）诸识俱不俱起

前五识要待多缘和合，方起现行；故由生缘之具或不具，有时一识独起，有时二识乃至五识同时并起；如波涛依水，或一浪起，或多浪起。然前五识中不论一识起或多识起，必有第六意识与之俱起；以第六识是前五识之分别依故。

总合八识言之，则任何时分必有二识俱起，即第七、第八是。除

~ 83 ~

无心位外（无心位见前），至少有三识俱起，即第六、第七、第八是。前五识中若有一识起时，至少有四识俱起。乃至前五识起时，则八个识俱起。如下表：

诸识俱起分位	俱起诸识名	俱起识数
无心位	第八，第七	二
前六识中唯意识现起	第八，第七，第六	三
前五识中一识现起	第八，第七，第六，前五识中一识	四
前五识中二识现起	第八，第七，第六，前五识中二识	五
前五识中三识现起	第八，第七，第六，前五识中三识	六
前五识中四识现起	第八，第七，第六，前五识中四识	七
前五识俱起	第八，第七，第六，前五识全	八

（戊三）六识于一时中缘境多少

前六识缘境，于一刹那中，多少不定。如一眼识，或于一刹那间，唯取一类色境，如唯取青色境。或于一刹那间，顿取种种色境，如并取青、黄、赤、白等。眼识缘色如是，耳识缘声，鼻识缘香，舌识缘味，身识缘触，意识缘一切法，亦复如是。（参考《瑜伽论》五十一。）

（丁七）前六识之五种心

《瑜伽论》等辨说前六识诸心生起次第，总有五种心（注意：非谓每一个识皆有五心）：一、率尔心，二、寻求心，三、决定心，四、染净心，五、等流心。

率尔心是前六识见分第一刹那缘境时之分位。此时能缘的见分忽然堕在所缘境（相分）中，故亦名率尔堕心。如眼识见分初见青时，名率尔心；五同缘意识之见分先未缘此境，今初同起，亦名率尔心。六识之见分缘境皆有此心。此心唯一刹那，第二刹那以后即名寻求心，以非初堕境故。率尔心于三性中，必是无记性。（此就有漏位说。）于三量中，前五识见分之率尔心，皆唯现量；第六意识见分之率尔心，若在五同缘意识，唯现量；不同缘意识及五后意识，皆无率尔心（以在第二刹那以后始起故）不须论；在独散意识及梦中意识，则有率尔心或为比量或是非量；定中意识，唯是现量。

　　寻求心者：寻谓思寻，求谓追求。前率尔心所堕之境唯已谢灭，但由熏习力，有似前之境生起，意识等之见分（有时唯第六识，有时兼有前五识）缘此现境，思寻推求，欲了知此是何等境。如眼识见分于第一刹那起率尔心见青色后，第二刹那，意识见分即起寻求，而欲了知彼是何色；此时意识与欲心所相应；旋即有念心所生，令意识重现前所曾见之色，与今时之色相比拟，求其同异。故真寻求心，唯在第六意识中有（不同缘意识或五后意识），但以意识寻求心起时，前五识亦往往并起；此时之前五识，已非率尔堕境，而是赓续活动，故不名率尔心，而随其同时俱起之意识（不同缘意识）名寻求心；其实起寻求作用者是意识，非前五识，而前五识寻求心之行相，与其率尔心之行相实无有异，以前五识只任运生起，无推寻计度之力故。（即以此故，《瑜伽论》说寻求心唯在意识中有。又即以此故，唐人亦有说前五识之率尔心通多刹那起者。）据此，则前六识皆得有寻求心。寻求未知之境，一刹那未必即了；故寻求之后，复更寻求，便通多刹那矣。于三性中，寻求心亦属无记性。（此就有漏位说。）于三量中，前五识之寻求心唯是现量。第六意识之寻求心，若在散位，通比量及非量；若在定中，一说唯现量，以定心湛澄，随缘何境皆明证故；一说亦得有比量，定中修观起思择时，有比量故。

决定心者：决者决断，定者印定。寻求心过后，由前刹那熏习力故，有似前境生，意识等见分缘之，决断印定此是何境。如见青色之寻求心过后，决断印定此是青色，非是余色。真决定心唯在第六识(不同缘意识或五后意识)；但以意识之决定心起时，前五识亦多并起（非必定起）。此时之前五识，准寻求心，亦随其俱起之意识（不同缘意识）名决定心。故决定心亦通前六识有。决定心亦许多刹那相续生起；虽已决定此是何境，未必即于次念起染净心故。于三性中，决定心属无记性；于境未住善、恶故。于三量中，前五识之决定心，唯现量；第六识之决定心，若在散位，通比量及非量；若在定中，唯现量。

染净心者：染谓染污，即不善性及有覆无记性；净谓净洁（净洁并不等于无漏），即善性及无覆无记性。前决定心既已了知所缘是何境界，此位之识方成染净。如见青者决定所见是青色后，随对此色起善、不善或无记之心。此染净心，前六识皆有。且皆唯一刹那，以第二刹那后便是等流心故；旧说染净心通多刹那者，实不应理。既有染净，自通三性。于三量中，前五识染净心唯现量，第六识散位通三量，定中则唯现量。

等流心者：等是相似义，流者出义；从彼所出，与彼相似，故名等流。（见《识论述记》九。）染净心成已，第二刹那以后心，由前染净心所引，或善或染似前而起，名等流心。如见青色生染心已，即此染心，由熏习力，刹那刹那连续，前后相似。（熏习义详后。）此等流心，前六识皆有。等流心起已，后刹那若逢异缘（如为他境所引，便是异缘），即创观新境，又成率尔，前念等流心便不相续，仅一刹那；若无异缘，则等流心便多刹那相续而起；故等流心，容多刹那延续（容者，不定之谓）。即此等流，或是善性等流，或是恶性，或无记性；故通三性（此就有漏位说，若无漏位，唯有善等流耳）。于三量中，前五识等流心，唯是现量；第六识等流心，散位通三量，定位则唯现量。

今试综合五心，举例明之。如某甲出门忽见一人，当此之时，眼识及意识（五同缘意识）皆率尔堕境，名率尔心。第二刹那，意识（不同缘意识）即起思寻推求，觉此人似曾相识，究为何人，如是经多刹那，是意识（不同缘意识）之寻求心；与意识同时，眼识亦容起活动，唯无自分别力，只随意识亦名寻求心耳，是即眼识之寻求心。寻思复寻思，最后了知此人是少时之同学，且某一次游泳遇险时，得彼拯救而不死；此时意识有所决定，是意识（不同缘意识）之决定心；眼识此时亦容起活动，唯无自分别力，只随意识亦名决定心，此即眼识之决定心。决定心起已，经一刹那或多刹那，次后意识（不同缘意识）对于此人感戴恩德，生起善意，是意识之染净心；眼识若同时并起活动，则此眼识为意识所引导而成善性，此即眼识之染净心。染净心起后，若某甲不为异境所吸引，则其善意，能多刹那延续，是即意识及眼识之等流心。如下图：

前五识	率尔	寻求……	决定……	染净	等流……
意识	率尔	寻求……	决定……	染净	等流……
	一刹那	多刹那	容多刹那	一刹那	容多刹那

上文所举例甚简单。但五心相续之相状，有时却甚复杂。兹再举一例，以备参考。如人闻说"诸行无常"，第一刹那闻"诸"字时，在耳识及意识中各有率尔心。如下图：

耳识　"诸"字　率尔

　　意识　"诸"字　率尔

　　第二刹那以后，耳识不现行。（假定"诸"字声已谢），又未闻"行"字声。）唯意识现行，推寻"诸"字所指是何物，有寻求起，容多刹那相续。如下图：

　　耳识　"诸"字　无

　　意识　"诸"字　寻求

　　闻"行"字时，耳识及意识中，各有率尔心现。如下图：

耳识 ┏ "诸"字　无　　　　意识 ┏ "诸"字　无
　　 ┗ "行"字　率尔　　　　　　┗ "行"字　率尔

　　此刹那谢灭后，经一刹那或多刹那，耳识不现行。（假定"行"字声已谢，"无"字声未至。）唯意识现行，由念心所之力，前所熏习之"诸"字寻求心，及"行"字之寻求心，同时聚集显现。如下图：

耳识 ┏ "诸"字　无　　　　意识 ┏ "诸"字　寻求
　　 ┗ "行"字　无　　　　　　　┗ "行"字　寻求

　　次后，意识中"行"字上乃有决定心显现，历一刹那或多刹那。此时耳识及意识之相状。如下图：

耳识 ┏ "诸"字　无　　　　意识 ┏ "诸"字　寻求
　　 ┗ "行"字　无　　　　　　　┗ "行"字　决定

　　闻"无"字时，耳识及意识各有率尔心显现，唯一刹那。如下图：

耳识 ┬ "诸"字　无　　　　意识 ┬ "诸"字　无
　　　├ "行"字　无　　　　　　　├ "行"字　无
　　　└ "无"字　率尔　　　　　　└ "无"字　率尔

前一刹那谢灭，次后耳识不现行。（假定"无"字声已谢，"常"字声未至。）唯意识现行，准前道理，又有决定心及寻求心聚集显现，历一刹那或多刹那。如下图：

耳识 ┬ "诸"字　无　　　　意识 ┬ "诸"字　寻求
　　　├ "行"字　无　　　　　　　├ "行"字　决定
　　　└ "无"字　无　　　　　　　└ "无"字　寻求

闻"常"字时，耳识及意识中，准前又各有率尔心显现，历一刹那。如下图：

耳识 ┬ "诸"字　无　　　　意识 ┬ "诸"字　无
　　　├ "行"字　无　　　　　　　├ "行"字　无
　　　├ "无"字　无　　　　　　　├ "无"字　无
　　　└ "常"字　率尔　　　　　　└ "常"字　率尔

前一刹那谢灭，次后耳识不现行。（假定"常"字声亦已谢灭。）唯意识现行，准前乃有多心同时聚集显现，历一刹那或多刹那。如下图：

耳识 ┬ "诸"字　无　　　　意识 ┬ "诸"字　寻求
　　　├ "行"字　无　　　　　　　├ "行"字　决定
　　　├ "无"字　无　　　　　　　├ "无"字　寻求
　　　└ "常"字　无　　　　　　　└ "常"字　决定

此时全句意识悉得明了，闻者之识方有染净可言，即前此所起之三种心，唯无记性，不通善恶也。闻者于解了全句意义之后，其识若有烦恼相应，即成染心；若无烦恼相应，即是净心。此染净心，唯一刹那；次刹那以后，便名等流心，容多刹那连续生起。此染净心及等流心，仍准前理，每刹那聚集显现。如下图：

$$
耳识\left[\begin{array}{ll} "诸"字 & 无 \\ "行"字 & 无 \\ "无"字 & 无 \\ "常"字 & 无 \end{array}\right.\quad 意识\left[\begin{array}{ll} "诸"字 & 寻求 \\ "行"字 & 决定 \\ "无"字 & 寻求 \\ "常"字 & 决定 \end{array}\right] 染净 \rightarrow 等流
$$

上文对于五心之解说，已示方隅，其间或与前贤稍异；学人如欲必依古说，可读窥基《法苑义林章》二及《杂集述记》一等。

（乙二）种子分八：丙一、种子说建立之过程，丙二、种子之体性，丙三、种子之由来，丙四、种子之种类，丙五、种子与现行之因果关系，丙六、种子与第八识及所生果之关系，丙七、种子之熏习，丙八、种子释难。

（丙一）种子说建立过程

种子是第八识自体分（自证分）中所具有能起现行之力。以其能起现行，有似于稻、麦等种之能生芽叶；从譬喻立名，名为种子。若从其自体立名，则名之曰功能。（功者功用，能者能力。）从其得由现识熏令得生或增长，则称之以习气。每一种子各是一个生生不已之力。每一众生之第八识自体分中，皆积集无量种子，由第八识之见分摄持之，而形成一个生生不息的大流。在此大流中，每一种子遇众缘具备则起现行。当其现行时，或相挟带（见分挟带相分而俱起），或相资助（在一刹那中，第八识中种子起行，现行复熏第八识而生新种子；旧种、现行、新种三法，展转相依。又种子望种子、种子望现行、现行望现行，皆得为增上缘，有相资之义），遂形成森然的宇宙。种子无尽，宇宙亦无尽。故种子一现行，即摄全宇宙，无小不摄大，亦无一处不摄法界也。（参考欧阳渐《唯识讲义》上。）又种子名相之所由建立，乃欲说明现行生起之因或本质，并非将现行法剖析后，发现别有一种实物，名为种子；亦非隐于现行法之后，而为现行法作根荄。（参考《瑜伽论》五十二。）

大、小乘诸宗中，有建立种子义者，一如小乘之经量部及大乘有宗是。有不建立种子义者，如小乘大众部系统诸宗及大乘空宗是。亦有不用种子之名，而建立一类似种子之法相者，如小乘说一切有部之建立无表色是。

种子义之所由建立，可从义理及教史两方面说明：

一、义理方面。因果流转乃佛家大、小乘通义。然众生造业之后，其业已成过去，如何能感引未来果报？其答案则谓众生形体虽尽，而业力犹存。但此不随形尽之业力，又以何方式而存在耶？若说业力以显现的方式而存在，则此业力应可见闻觉知；而实不然；故说业力是显现的存在，不应道理。若说业力是以潜隐的方式而存在，则业力只是感果的功能，非种子而何？所以种子业之建立，是势所必至。在种子义成立之前，有一过渡阶段，即"无表色说"是也。在佛灭后第三百年末，说一切有部之世友论师造《品类足论》，始建立无表色，以说明因果流转道理：谓众生造作善恶业时，能击发一种"将来必能感果的原因"于身内，是名无表色。此无表色，虽无形无象，无所表示令他知晓，然是实有法体。此说对于因果流转之理，似可说通。但新问题又随之而生，即无表色依于何处而存在耶？一个众生造业所生之无表色，何故不与他众生造业所生之无表色相混，而致因果混乱耶？对此两问题，说一切有部学者则无圆满解答。至佛灭后第四百年，经量部成立以后，彼宗学者始建立种子义，有"色心互持种子"之说：谓色法（物质现象）种子为心法（精神现象）之所摄持，心法种子为色法之所摄持。经量部对于上述两问题似能粗予解答，而立义亦较说一切有部为精密。但色法有断灭（如身死后，色便断灭）如何能持种子？又如何能将心种子递传之来世？此又令人难于解索。直至佛灭后九百余年，慈氏在《瑜伽论》中说种子七义，无著造《摄论》复将七义省并而为六义（种子六义见后），于是种子之说大备，不独因果流转得以解释，即于诸行之缘起，亦得以说明。

二、教史方面。佛灭后约百余年，佛教教团中因保守派与发展派意见之冲突，分裂为上座部与大众部。自此至佛灭后第二百年满之百数十年间，再从大众部分出八部，本末合计共有九部。佛灭后第三百年初至第四百年初，上座部又分出十部，本末合计共十一部。今表其分裂之次第如下：

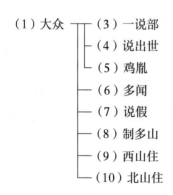

（1）大众
　　　├（3）一说部
　　　├（4）说出世
　　　└（5）鸡胤
　　　─（6）多闻
　　　─（7）说假
　　　─（8）制多山
　　　─（9）西山住
　　　─（10）北山住

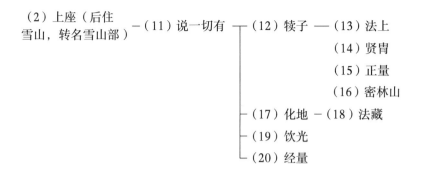

（2）上座（后住
雪山，转名雪山部） —（11）说一切有 ┬（12）犊子 ——（13）法上
　　　　　　　　　　　　　　　　　　（14）贤胄
　　　　　　　　　　　　　　　　　　（15）正量
　　　　　　　　　　　　　　　　　　（16）密林山
　　　　　　　　　　　　├（17）化地 –（18）法藏
　　　　　　　　　　　　├（19）饮光
　　　　　　　　　　　　└（20）经量

　　此中大众部首先弘扬般若等大乘经典,并主张"法无去来",即
于三世法中唯说现在法及无为法有,过去、未来法无。说假部主张
"现通假实",除否定过去、未来法外,于现在法中又分别十八界、
十二处是假,唯五蕴是实。说出世部,主张"俗妄真实",即于现
在之五蕴中又分别世俗是假,胜义是实。一说部主张"诸法但
名",即谓世俗、胜义法皆是假名,而无实体。多闻部之祠皮衣罗
汉,则重弘大众部昔所弘传之大乘义。总之,属大众部系统诸宗,多
侧重体边,在理论发展上逐渐有否定诸行,而说空义之倾向,遮
多于表,其立义与大乘空宗相衔接,在佛学史上为大乘空宗之前
导。此诸部及大乘空宗,皆不重在说明诸行,故不须建立种子。至
于上座部系统诸宗,则说一切有部立无表色,为种子说之前驱;经
量部主"色心互持种子",是为小乘之种子说。慈氏之种子七义,是
大乘种子说之依据;无著之种子六义,是大乘种子说之抉择;世
亲之《成业论》出,是大乘种子说之完成;至于护法,本新并建,大
乘种子说,遂义无余蕴。于此应知,种子之建立与不建立,由于
路向不同所致。其着重体边者,则破封执以显实体,故不立种子。其
着重用边者,则即大用以显实体,故建立种子。如下表:

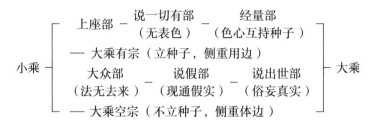

（丙二）种子之体性

《瑜伽论》建立七义以释因缘（因缘即是种子）。《摄论》及《识论》并之为六义以显种子之体性。其开合之处。略如下表：

《瑜伽》	《摄论》及《识论》
一、常法不能为因	一、刹那灭
二、无常法已生未灭时与他性为因	二、果俱有
三、无常法已生未灭时与后念自性为因	三、恒随转
四、必得余缘	五、待众缘
五、须成变异	
六、与功能相应	四、性决定
七、必相称相顺	六、引自果

今述种子之体相，略以七义。若阙其一，则不成种子。（有漏、无漏种皆具七义。）

一、种子有实自体。假实之界说，前于论心所中已说。故此所谓有实自体，只是就俗谛说，与真如之为一切法实体者不同。此义一方面显种子于三自性中属依他起性，一方面遮遍计所执无体之法不得为种子。（《瑜伽》《摄论》皆不说此义。今依《识论》二补。）

二、种子刹那生灭。种子虽有实体，但非常住，而是刹那生、灭。每一种子之自体才生，无间即灭。（生与灭同一刹那，非生已暂住才灭，故云无间即灭。）种子若无生灭，则常住之法，如何能生果？既有生灭，则将其生灭相状审细分析，非析至每一刹那生灭不可。故说每一种子之自体，皆刹那刹那前灭后生，相续不断。此义一方面显种子是生灭无常之法，一方面遮常住之法得为种子。由此义故，小乘大众部等之立无为缘起，正量部之立长期四相，大乘一师之以真如为诸法因，数论派之以自性、神我为诸法因等，皆在遮破之列。此义即《瑜伽论》"常法不能为因"及《摄论》之刹那灭义。

三、种子生现因果同时。种子之生现行也，非种子先灭，现行后生；而是种子正当生灭转变之分位，众缘若备，则能为因生现行果。故种子（因）与其所生之现行（果），俱时存在，而于同一众生身中和合相应。（言和合相应者，谓种与现行俱不离也。盖种子是现行之内蕴势用或本质，现行是种子之显现相状；两者非一非异；故云俱时存在也。此义一方面显种子与现行是一体一用（参考欧阳渐《唯识抉择谈》），一方面遮种子生现因果异时。由此义故，小乘经量部等执因果定不同时（因在先，果在后），外道执大自在天生一切众生等（大自在天是因，众生是果；大自在天在众生身外，便非和合相应），皆在遮破之列。此义即《瑜伽》之"无常法已生未灭时与他性为因"及《摄论》之"果俱有"义。（熊十力《佛家名相通释》下谓此义显种子与果法不为一体者，误也。如说光为因而照为果，光与照同时有，岂光与照不为一体耶？）

四、种子前灭后生，相似相续。第一刹那种子灭已，第二刹那，有似前性，随即生起；而前后刹那中间，非有少微间隙。故未得对治，其性前后相似，相续无断。此义一方面显种子在未得对治之时，余势不绝，一方面遮有转易间断之法得为种子。由此义故，前六识有间断，第七识有转易，色法不恒（如身死已便断灭故），皆不得为种子，亦不能摄持种子；故应建立赖耶。此即《瑜伽论》"无常法已生未灭时与后念自性为因"，及《摄论》之"恒随转"义。（转者，生义。后似于前，随前而生，故名随转。）

五、种子决定生起同性现行，现行亦决定熏生同性种子。此中"性"字，乃性类义。种子性类分有漏、无漏二类。有漏性中，复分以三：曰有漏善（非纯善），曰恶，曰无记。无漏性唯纯乎善（此是纯善，是真实善）。一切种子，有是有漏性，有是无漏性。有漏种子所生现行，决定是有漏法。无漏种子所生现行，决定是无漏法。然则凡圣迥别，众生之世界是秽，圣者之世界是净；以圣者能伏灭第八识中有漏种子，令无漏种子现行，而众生则不尔故。（众生不能断除有漏种子，即一向唯有漏种子现行，而无漏种子恒隐而不现。）在有漏种子中，善种（有漏善）决定起善（有漏善）现行，恶种决定起恶现行，无记种亦然。以上就种子起现行而言。现行所熏成之种子，亦随其能熏的现行之无漏、有漏、善、不善、无记等性，各别决定。此义一方面显种子性类各别，一方面遮种子能与异性现行为因。由此义故，小乘有部等说善法等与恶、无记等为同类因，应在遮破之列。此义即《瑜伽论》"与功能相应"及《摄论》"性决定"义。

六、种子要待众缘和合方生现行。虽有种子为因缘，犹不能孤起；必待增上等缘和合，方生现行。此义一方面显种子待缘生果，一方面遮不待众缘可以生果，或缘恒具有。由此义故，外道执大梵等一因生一切果，及小乘有部执缘体恒有，皆在遮破之列。此即《瑜伽论》中"必得余缘""须成变异"二义，及《摄论》之"待众缘"义。

七、种子生自现行，各各不乱。眼识种子亲生眼识现行，决不生耳识等其他现行，譬如豆子不生麻、麦。眼识种子如是，耳识种子乃至赖耶种子，皆可例知。识之种子如是，一一心所之种子亦然，即眼识诸心所之种子，各各生自现行。眼识心所如是，耳识心所种子乃至赖耶心所，皆可例知。析言之，如识之见分与相分是各别有种，则更应言眼识相分（色）种子生自现行，及眼识见分种子生自现行。眼识心所相、见二分种子，各生自现行可知。眼识种子如是，耳识种子乃至赖耶种子，各各生自现行，皆应类推。种子既各生自现行，故不可说种子是浑一的整体。因种子差别故，而其所生之现行，亦千条万绪，各各独立，所谓"法相厘然不乱"是也。此义一方面显色法、心法、或相分、见分之种子各别；一方面遮一因生一切果。由此义故，小乘有部等执色、心互为因缘，及通涂所谓一元论者，皆在遮破之列。

具此七义者，唯第八识中能亲生自果的功能，故名此功能为种子。至于谷麦等外种，从内识中谷、麦等种子生，实是现行，唯依世俗假立种子之名，非唯识家义理上所建立之种子。

（丙三）种子之由来

慈氏在《瑜伽论》中已谈及种子之由来。谓菩萨之种姓（指能证无上菩提之种子）有二种：一、本性住种姓，二、习所成种姓。本性住种姓是从无始世展转传来，本然存在。习所成种姓是由串习善根所得。（见论二十一及三十五。）无著、世亲都无异见。世亲殁后，诸师始兴净论，凡有三说：

一、唯本有说——护月等，谓一切有漏、无漏种子，皆是无始时来法尔本有，不从熏生。法尔本有者，即是本然存在，不可更诘其由来。易言之，即不可谓种子更有因也。由种子是本有故，非从熏习新生。

二、唯新熏说——难陀谓一切种子皆由无始现行熏习而生。由熏生故，非本来具有。其说以为前七识皆为能熏（熏者，熏发）。如眼识之相、见二分从种子生起时，便能熏发一种势力，投入赖耶之中，是谓能熏。眼识如是，乃至第七末那识皆可例知。第八赖耶则是所熏；由第八为前七所熏故。即一切前七识所熏发者，赖耶皆受持之也。前七一切相、见，各各从自种起时，皆有余势续生，是名习气，以熏入赖耶中而潜藏之，遂成为一种新势力，复能为因，生起后时一切相、见。此潜伏赖耶中之新势力，即名新熏种，又名始起种。

三、本有始起并有说——由上二说互相乖竞，至护法，始依《瑜伽论》意而折衷之，谓种子所由来，有是法尔本有者，亦有由新熏始起者。于是种子有本、新二类。无始时来，第八识中，法尔具有生起一切相、见之功能，是为本有种子，亦名本性住种。又无始时来，从种子生起之一切相、见，再熏习其气分于赖耶中，成为彼识后时生起现行之功能，是为新熏（始起）种子，亦名习所成种。若无本有种，则无始创生之现行，便成无因。若无新熏种，则现行起时，无复有习气续流，亦不应理。故本有、新熏，二皆成立。

上三说中，护法本、新并建，折衷至当。由本有义成立故，见道最初刹那现起之无漏智，得以创生现行。由新熏义成立故，现行识能熏新种。此新种者，实即现行识之余势不绝者，所谓习气是也。而现行识熏生新种时，藏伏赖耶中一切本有种之性类相同者，亦同时受其熏发而增长。（性类同者，如有漏现行，与本有种之有漏者是。）故本有种子亦受现行识所生习气之影响。因此，一切种子，无论为新熏抑为本有，通得名之习气。

（丙四）种子之种类分二：丁一、有漏种子，丁二、无漏种子。

（丁一）有漏种子分四：戊一、有漏种子与第八识之关系，戊二、有漏种子之性类，戊三、有漏种子分二类，戊四、有漏种子又分三类。

（戊一）有漏种子与第八识之关系

种子依其德性分为有漏、无漏二类。一切有漏种子，依于有漏第八识自体中；种子为能依，第八识为所依。又种子为第八识见分之所缘，是第八识之相分；相、见皆依自证。由是故说，有漏种子离有漏第八识无别体。（所依为体，能依为用。）

（戊二）有漏种子之性类

有漏种子，就其为有漏第八识所摄持而言，即随有漏第八，名无覆无记性。（种子隐而未现，无善恶可言。）若就种子自体言，则本有种法尔具备善、恶、无记三类（诸行中既有三类现行法，即应有三类功能），新熏种之由善法熏令生长者属善性，由不善法熏令生长者属不善性，由无记法熏令生长者属无记性。

（戊三）有漏种子分二类

有漏种子复分二类：一、名言种子，二、业种子。

名言种子者，即能生起一切相分、见分之各别功能；以依名言而熏习生长，故名。名言种子复分为二：一、表义名言种子，二、显境名言种子。表义名言者：表谓诠显。义者境相（法相典籍"义"字多训为境）。名言一词，亦赅句、文（印度文字用字母构成。文即字母，名是由字母组成之词类，句是由词类组成之语句）；诠显诸法，名之功用殊胜，总说为名。名、句、文乃依声上音韵屈曲假立，用以诠显诸法。故表义名言者（包括自发名言及闻他人所发名言）即是能诠显种种境相之名、句、文也。第六意识缘此表义名言而熏生之种子，名曰名言种子。即意识见分取境时，一方面熏生见分新种子于赖耶中，另一方面，若此意识是五俱意识外之散心意识，则其见分随名变现色、心、善、恶、有覆、无覆等相分而缘之；此相分既无所仗之本质，亦非别有种子，故但随见分熏成自见分种子，不能别熏成相分种。（相分与见分同种。）若此意识是定中意识，则其见分亦随名变现相分；此相分不论有无本质，必不与见分同种子，是现量所证之性境，故得藉见分之力，而熏生相分种子于赖耶识中。（相分与见分别种。）如是者名为表义名言种子，意即藉表义名言而熏生之种子也。（以表义名言为增上缘而熏生。）然能缘名言、能发名言，必资寻伺（寻伺见上心所文），寻伺唯第六意识有，故表义名言种子，唯是意识心、心所相、见种子之一分也。显境名言者，谓能了境之前七识心、心所见分。前七心、心所见分了自境时，不依能诠之名言，亦能熏成种子；此类种子谓之显境名言种子。即前七识心、心所之见分了别诸境时，一方面熏生自见分种子于赖耶中；另一方面，此见分心又变（因缘变或分别变）彼诸境之相分于心前，熏彼相分种子于赖耶中。此乃依心、心所见分了境之作用而熏成种子，实不依名言；所以名为名言种子者，见分虽非名言，然能显了所缘之境，有似于名言之能诠显诸法；故就譬喻立名，名此等见分为显境名言。意即依显境名言所熏成之种子也。依表义名言而熏成种子，唯第六识有之。依显境名言而熏成种子，则通前七识皆有之，以了境作用通于前七识故。至于第八识，则不能自熏，但能受余识之熏而已。

业种子者：业是造作义。由意识造作善恶等业所熏生之种子，名业种子。意识相应之思心所，依身、语、意三，造作善、恶等业，熏自思种子于第八识中，此思心所种子，有二种功用：一、能生自现行；就此方面言，仍名为名言种子，不名为业种子。二、能助他无记名言种子，令起现行。就此方面言，则名为业种子，不名为名言种子。以无记性之名言种子作用微弱赢劣，非有资助，不能自起现行，必待作用强烈之善性或恶性业种子为增上缘，始能生自现果。故善恶之业种子，不惟能生自现行（为因缘），且有助他无记种子令生现行（为增上缘）之功用。就其生自果边，仍名名言种子。就其助他生果边，立业种子名。故业种子体即名言种子。其体虽一，而功用有别；即一思种子上有望自、望他二功用故。又同一思种子，就其为业种子边言，受果有尽，即感一次异熟果已，后不再感。就其为名言种子边言，生果无穷，以其体恒随转（随转义见前种子七义），每一遇缘，便起现行，现行起时复熏新种，新种遇缘，又能生现也。故一思种子具有二相：一、有受尽相，二、无受尽相。又名言种子，通八识聚诸心、心所，且通善、恶、无记三性。业种子，局于第六识之思心所，且局于善、恶二性；以此思心所造作力胜，能驱役心、心所，令作善、恶业故；无记性者，势力微弱赢劣，无助他之功用故。

有漏种子之差别，如下表：

$$
有漏种子\begin{cases}本有\\新熏\end{cases}\begin{cases}名言种子\begin{cases}表义名言种子\\显境名言种子\end{cases}\\业种子\end{cases}
$$

（戊四）有漏种子又分三类

上文分有漏种子为二类。亦有将有漏种子分为三类者，即：一、名言习气，二、我执习气，三、业习气。习气是种子别名。言习气者：习谓熏习，气者气分；虽无形相，而势用非无，故名之以气分。由现行熏习，得此气分，故名习气。即现行识起时，其余势续流不断，即此不断的势流，谓之习气。诸有为法现行时，能熏其气分（续流的余势）投入第八识中，成为此识后时生起现行之势用，故名种子曰习气。即种子之名，望所生现行而立；习气之名，望能熏的现行而立；名异而体实同。

名言习气（亦名等流习气），即前述名言种子之一分。准前义亦可分为表义名言习气，及显境名言习气二种。

我执习气，谓第六、第七两识见分执我、我所所熏种子。我执有二：一、俱生我执，二、分别我执。由此二我执所熏种子，令诸众生自他差别，故别立我执习气之名。此亦是前段所说名言种子之一部分。

有支习气（亦名异熟习气），即业种子。有，谓三有。支者，因义，分义。故有支者，三有之因。有支习气有二：一、有漏善，即能招可爱果（善趣）之业种子；二、不善，即能招非可爱果（恶趣）之业种子。由此二种有支种子，令异熟果善、恶趣别，即能招异熟果之增上缘也。言异熟者，由善恶因（业）所引生总别二报无记果也。

我执习气及有支习气，非离名言习气而别有体性，但以所取义边不同，故别立称号。

若依此分类，则有漏种子之差别，略如下表：

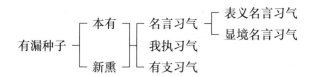

（丁二）无漏种子分四：戊一、无漏种子与赖耶之关系，戊二、无漏种子又分三种，戊三、智种与识种，戊四、众生无漏种子之

有无。

（戊一）无漏种子与赖耶之关系

能得三乘道之众生，法尔有能生无漏现行之功能，是为无漏种子。此类种子自性清净，与赖耶性别（赖耶是有漏，故别）。但无始以来，依附在赖耶自体分之上，前灭后生，展转传来，以至于今。无漏种虽依附于赖耶，然不为赖耶之所缘，即不为赖耶之相分。何以故？由（一）无漏能对治有漏，有漏见分弱，无漏种子强，心弱境强，故不得缘。（见《瑜伽论记》五十二。）（二）赖耶以末那为根；末那未转依时，有人、法二执；赖耶受其影响，而成杂染，为相缚所缚（为境相所束缚，不得自在）。若缘无漏，即无相缚；故知不缘。（见《瑜伽论记》五十二。）古师中有谓赖耶亦缘无漏种者，然非正义。

（戊二）无漏种子又分三种

无漏种子可分三种：一、生空无漏种子，即能生三乘道无漏法之种子。二、法空无漏种子。三、俱空无漏种子，即能生菩萨及佛果无漏法之种子。

（戊三）智种与识种

不论生空无漏种、法空无漏种或俱空无漏种，皆有智种与识种之分。有漏位识强智弱；在一个识聚中，以识为主，智（别境中之慧）只为其相应法之一。无漏位中，智强识弱；在一个智聚中，正智是主，净识及余净心所则为其相应法。正智与净识、净心所各有其自种子。（见《佛地论》三。）

（戊四）众生无漏种子之有无

大乘有宗学者皆以《瑜伽论》为至教量（至极之言教，堪为定量者，名至教量。至教量唯对自宗乃得为量）。此论声闻地以五义建立种姓义，谓一切众生法尔有五种种姓：一、声闻种姓，二、独觉种姓，三、佛种姓，四、不定种姓，五、无种姓。尔后西方之护法、东土之窥基，复广成其说。（护法说见《识论》，窥基说见所著《法华玄赞》。）

一、声闻种姓。有漏势力强盛，只能断除其烦恼障种子，所知障种子毕竟不能断除；不能由自己悟道，须闻诸佛说法，依教修行，克证无学果者。（烦恼障、所知障及无学果俱见后。就证得无漏果边言，此属下根。

二、独觉种姓。资质较利，不须听闻佛说，亦能悟道，证无学果。余同声闻种姓。此属中根。

三、佛种姓。此类众生，无漏势力最强盛，能毕竟对治一切有漏种子，令永不得生。此属上根，直趣佛果。

四、不定种姓。此类众生，或（一）具备声闻、独觉二种种姓，或（二）具声闻及佛二种种姓，或（三）具独觉及佛二种种姓，或（四）具声闻、独觉及佛三种种姓。既具二种或三种种姓，即属下、中根或兼下、中、上根。其无漏种子随缘发现，许先证小果，然后回心向大，得成佛道。

五、无种姓。亦名阐提（音译）。有漏势力最强，其烦恼障及所知障毕竟不能对治；不证无学果，亦不能成佛；但能修行有漏善法，于人天中享受乐果。

详五姓之说，乃纯就用边，非就实体边言。盖体则无别，一切众生，一切诸佛，同一真如性故。用乃万殊；杂染、清净，有障、无障，分障、全障，相依建立，有毕竟无障之佛，亦得有毕竟有障之阐提故。（一切有为法皆相依相待而建立。）五种种姓，乃依有障、无障建立，非依无漏种子之有无。虽有无种姓人，苟能建立老安少怀之社会以处之，已得无漏果之圣者，不舍众生，为之师友以教导扶掖之，亦复何害？

（丙五）种子与现行之因果关系分二：丁一、异时因果，丁二、同时因果。

（丁一）异时因果

一切种子，无始时来，藏伏于第八识中，前刹那种子，生后刹那种子，前灭后生，相似相续，犹如川流，不舍昼夜；是为种子生种子。种子生种子，前刹那种子为因，后刹那种子为果，是因先果后。如后图：

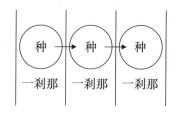

（丁二）同时因果

隐藏在第八识中之每一种子，缘不具时，只是前灭后生，自类相续；若遇众缘具备，则能生起各自现行；是名种子生现行。所生起之现行中，有强盛势用者，于生起之刹那，熏其习气于第八识自体中，成为新熏种子；是名现行熏种子。在一刹那中，本有种子生起现行，现行复熏成新种子；本有种、现行及新熏种三法，展转相依，构成二重因果；如炷生焰，焰生燋炷，同时更互；又如芦束，互相支持，同时不倒。是谓"三法展转，因果同时"。三法者，一、本有种，二、现行，三、新熏种也。以图表之如后：

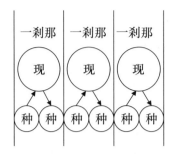

（丙六）种子与第八识及所生果之关系分二：丁一、种子与第八识体之关系，丁二、种子与所生果之关系。

（丁一）种子与第八识体之关系

种子与第八识，有非一非异之关系。一切种子是第八识自体上之用（功能），而第八识是此用所依之体。体用有别，故非一。虽然，用者所依体上之用，体者用所依之体；体用不相离，故又非异。唯识家谈体用，从两边说：一是摄用归体，故不可说异；一是体用别论，故不可云一。

（丁二）种子与所生果之关系

种子与其所生现行果法，亦有非一非异之关系。现行（果）是种子（因）之显现相状，是用；种子（因）是现行（果）之本质，是体。既是一体一用，故亦非一非异。

（丙七）种子之熏习分四：丁一、熏习之意义，丁二、所熏四义，丁三、能熏四义，丁四，熏习之相状。

（丁一）熏习之意义

熏是击发义，习是数数义。前七识聚之心、心所起现行时，其势用强盛者，则于生起之刹那，能数数击发第八识（击者，打击义。发者，发生及兴发义），植其气分（续流不绝的势用）于第八自体分中，而发生新种子，并使本有种子受兴发而增长此数数击发之历程，有似于花熏苣藤；故名熏习。（苣藤即胡麻。印度人用以制油。其制法，先杂以花，令花熏其香气于苣藤，苣藤受持其香，然后榨取之，便成香油。此以苣藤喻所熏之赖耶，以花喻前七现行识，香气喻熏生之种子。）

（丁二）所熏四义

无著于《摄论》中首立所熏四义。谓此四义全具，乃可成为所熏：

一、坚住性。坚住者，始终一类，相续不断也。此遮前七转识。前七相、见有变易转移，不能摄持种子，故不能为所熏。第八识从无始来，以至被对治之前（从无始之始，至究竟之终）唯一类无覆无记性，恒转如流，前后相续；故得为所熏。

二、无记性。此遮善性及染污性（不善及有覆无记皆名染污）之法。善、染之法，其性强烈，如极香、臭，互不相容，故不能受熏。第八识性是无覆无记，于善、染法皆不违拒，能容习气，可是所熏。由此比知，第八识转依以后，以纯善故，不能受熏。

三、可熏性。可熏者，谓体性虚疏不实，能有容受。此遮第八识相应五遍行心所及真如。心所之行相局于一边，如作意但能警心，思但能造作，局于此则碍彼，故非虚疏，不能受熏。真如体性恒常不变，故非不实，亦不受熏。唯第八识心王，体性虚疏不实，能有容受，故能为所熏。

四、与能熏共和合性。所熏须与能熏同时、同处，不即、不离。若不同时、同处，则无关系，不可以言和合。若彼物即此物，亦不可言和合。若二物相离，并非和合。此遮自识前后刹那及他身之识。自识前后刹那不同时，他身识非同处，无和合义，故不能为所熏。自身现在之第八识，与能熏法同时、同处，和合相应，故能为所熏。

具上四义者，唯因位（即未成佛时）同身、同刹那之第八识心王而已。然虽第八心王，亦其自体分，始是受熏之处；以能受熏习是第八识体上之义用故。（义用犹云属性。）若将四分摄而为二，则以见分为所熏之处。

（丁三）能熏四义

《识论》更立能熏四义。谓若法全具下述四义，方可为能熏：

一、有生灭。有生灭变化，方有作用。有作用，方能熏生新种，或熏旧种令其增长。此遮无为法，前后不变，无生长用，故非能熏之法。

二、有胜用。有生灭之法复有胜用，方能熏种。言胜用者，有二义：（一）能缘胜用，（二）强盛胜用。能缘胜用，即心、心所见分之取境作用。此遮色法。色法乃第八识中本质种子及前五识相分种子所生之现行，此现行要由见分种子挟带迫附之以俱起；第八识中本质种子之现行，乃由前五识见分变带仗托之以俱生；二者皆无能缘胜用；故前五识相分及本质之熏习，须待见分缘之始熏，不能自熏。强盛胜用，谓善及染污性。此遮第八识及前六识中极微劣无记心、心所。（不由第六意识作意筹度而任运起者，名极微劣。）第八识及前六识中极微劣无记心、心所，虽有能缘用，而不能熏，但强盛心、心所托之变相而熏其种。色法可有强盛胜用，但不能缘虑。极劣无记心、心所，有能缘胜用，但无强盛胜用。故皆非能熏。

三、有增减。有生灭、有胜用之法，又须高下不定，可增可减者，方能熏种。此遮佛果。佛果四智心品等（四智心品乃成佛后之八识，义见后明解行文），既是圆满善法，无高下增减，故不能熏习。

四、与所熏和合而转。有生灭、有胜用、可增减之法，复须与所熏同时、同处、和合相应，方是能熏。余同所熏第四义。唯因位中同身、同刹那之七转识心、心所（前七心、心所见分能自熏种，相分及所仗本质则藉见分之能缘力而熏成种）之有胜用者，具此四义，可是能熏。

（丁四）熏习之相状分二：戊一、熏生，戊二、熏长

（戊一）熏生分二：己一、见分种之熏生，己二、相分种及本质种之熏生。

（己一）见分种之熏生

熏习有二种：一者，熏生，二者，熏长。由熏习故，令第八识自体分中，生成新种子，名曰熏生。由熏习故，令第八自体分中本有种子之性类相同者（如善性之望善性，染污性之望染污性是），亦受其兴发而增强长盛，名曰熏长。兹先谈熏生，次谈熏长。

熏生者：前七识聚心、心所之自体分为能熏，第八识之自体分为所熏。自体分之种子起现行时，有向外虑缘之作用，此作用别以见分名之；自体分与见分同一种子而生。故自体分如非属于极劣无记性者，则具能熏四义，而能熏其习气于第八识中，成为前七心、心所自体分新种子，为后时各自体分生起之因。若将四分摄而为二，则自证分摄入见分，即见分是能熏。故亦得言诸现行见分熏生各自见分种子；如眼识见分熏生自眼识见分种，眼识之受心所见分熏生自受心所见分种，不生他种；余应准知。此乃见分种子熏生之相状也。

又现行见分熏生新种，现行为因缘（因缘义见后），新种子为果。

（己二）相分种及本质种之熏生

依前理，能熏者唯自证分或见分。相分及本质皆不能自熏成种，以无能缘胜用故。（能熏四义中"有胜用"之义不具。）相分及本质虽不能自熏，然得仗托见分之力，而熏其自种于第八识中；换言之，即见分熏时，其所带之相分及本质亦随之而熏生新种也。相分种及本质种熏生之相状，较见分为复杂，兹分二类说明之：

一、相分与见分同一种子而无所仗之本质者（相、见同种义见后）。相分既无别种，故相随见摄，唯熏生见分种，不别生相分种；如独散意识缘龟毛等相分唯由见分之计度分别力变起，亦无所仗之龟毛等本质。

二、相分与见分不同种子而有所仗之本质者（相、见别种义见后）。当见分熏生新种时，相分得见分之资助（为彼所带，名得彼资助），亦熏其种子于第八识中，为后时相分现行之因缘。其为相分所依托，及为见分间接所带之本质（凡相、见别种者则其相分必有所托之本质），得见分之资助，同时亦熏其种子于第八识中，为后时本质现行之因缘。如眼识见分缘青时，眼识见分熏生见分种子，见分所带之青相分及青本质亦于同刹那熏生各自新种子。眼识如是，眼识之心所及前五识中余四识之心、心所，皆应例知。

又现行相分及本质熏生新种，现行为因缘，新种子为果。（等流果，义见后。）

（戊二）熏长

当见分及相分熏生新种子之同时，亦由此熏习力，而兴发第八识中性类相同之本有种子，令其增长。然熏长之作用，只就性类相同之种子而言；若性类相违之种子，则不唯不因此而增长，且受其损害；如当一无漏种熏生时，余无漏种受其兴发而增长，但有漏种子之势力反因是而减弱。

又现行见分等熏发其本有同类种而令其增长时，此现行见分等为增上缘，本有同类种之增长为果。（士用果及增上果。士用果等义见后。）

又复应知，本有种子由熏习故而得增长，乃其自体势用增强长盛，非有新物渗入或加进于其自体之上也。

（丙八）种子释难

问：种子为能生，现行为所生。近人熊十力评论种子说，谓种子是隐于现行之后,而为现行作根源,故种子与现行是二物。（见所著《新唯识论》。）其说然否？答：每一种子是一势用。众缘不具时,此势用为第八识所摄持,念念等流,以潜隐的状态而存在;此时但名种子，并无现行。众缘若具，则此势用便有显现行起之相用，此时，就势用本质言，仍名为种子；就势用显现行起之相用言，名为现行。虽有言说上，或在义边上，种之与现，是一能一所，互相对待；实则现行为种子体上之用；体之与用，岂能说为二物！种子与所生果（现行）不一不异，《识论》二早有明言，熊氏此言，攻人之所已遮，殆智者之失欤。

问：唯识家以种子为现象之因。而所谓种子，却是个别的，多至无量数。岂不相当于西洋本体论上之多元论耶？（见熊十力《新唯识论》。）答：由二义故，不可说为多元论。一、每一众生之种子虽无量数，但统之以赖耶；诸种子不离一赖耶识而存在故。二、一切众生阿赖耶识中所含藏之种子（包括赖耶自种子），皆是真如实体上之用；真如非多故。

问：种子分有漏、无漏二类，岂非善、恶二元论耶？（参阅熊十力《新唯识论》。)

答：此中有三义应知。一、《瑜伽论》谓众生分五种种姓（声闻种姓、独觉种姓、佛种姓、不定种姓、无种姓），前四种姓众生皆能证无漏果，对治有漏种子；此时有漏尚灭，况有恶耶？二、善、恶种子只是实体上之用，诸行所摄，属现象界，不可说为"元"。三、真如实体可说为"元"，然真如离言说相，不可言善恶。

问：唯识宗以有漏种所生之赖耶为众生之根本；就众生分上说，则无始以来唯是有漏现行；如是，得无有性恶论之倾向耶？（参阅熊十力《新唯识论》。）

答：（一）赖耶虽是有漏性，亦含藏恶性种子，但其本身是无覆无记性。（二）赖耶所藏有漏种子中，亦有一部分是善性（有漏善）。（三）众生之赖耶识中亦有无漏种子依附；虽未发现，而体非无。（四）赖耶之实体即是真如，是无漏性。以是四义，故不应云有性恶论之倾向。

问：种子能生一切现行，何不说种子是一切现行之实体耶？答：不可。何以故？以三义故：（一）种子亦有由熏习生者（唯本有义不能成立，如《识论》二说）。此类新熏种子是以现行为因而生；若许种子是实体者，岂现行可生实体耶？（二）所谓实体，为有生灭？为无生灭？若许实体无生灭者，则种子是刹那生灭之法，不足以当实体之名。若许实体亦有生灭，则一切有生灭之现行法，原可互相依倚而存在，复建立种子及实体之名，岂非画蛇添足？（三）由上义故（第二义），种子与实体同被否定；而一切现行各各从缘生故，都无自体；无自体故，虚假不实；而"一切现行虚假不实"之理亦是虚假不实，以是虚假不实之现行心所缘境故，如余现行之法。如是便堕"一切唯虚假论"。持此论者，能自败坏一切善行，亦能败坏他人善行，不流于颓废，便流为狂妄。（参考《大论》三十六《真实义品》。）

问：种子为是色法（犹云物质现象），为是心法？答：种子是色法及心法所由生起之力，故种子非色法，亦非心法。（参考欧阳渐《唯识讲义》。）

（乙三）缘生分二：丙一、辨缘，丙二、辨生。

（丙一）辨缘分三：丁一、四缘，丁二、十因，丁三、四缘十因所感之果。

（丁一）四缘

一切行皆无实我。既无实我，则此假事如何成立？曰：依众缘而成立。缘又依缘，展转相依，重重无尽。故宇宙万象只是一个无尽的缘生网耳。今述缘生之相状。

所谓众缘者，其体不外现行与种子。唯识家依种与现，种与种，现与现间相待之关系，施设为四缘。

一、因缘——因缘者，以其亲生自果，故称为因；即此因又是四缘之一，故亦名缘。（自余诸缘，便非亲能生果；但于果有扶助或影响之功用而已。）因缘之体有二：一、种子，二、现行。种子有能生之作用，现行有能熏之作用。言种子有能生之作用者：以（一）能亲生后刹那自类种子故。第八识中种子（不论其为有漏种或无漏种，相分种或见分种），前后刹那自类相生，相似相续，即前刹那种子生后刹那自类种子。前刹那种子，为后刹那自类种子之因缘。如前刹那眼识见分种子灭已，即能引生后刹那眼识见分种子，而前后刹那中间，无有间隙；此前刹那之眼识见分种为后刹那眼识见分种之因缘；余准此。（二）能生同刹那自类现行故。藏于第八识中之种子，众缘具时，能生各自现行（若缘不具而可以现行，则应一切种恒时同起现行，便不合理）；种子望其所生现行，为因缘；如眼识见分种子，生起同刹那眼识自见分现行时，种子为现行之因缘。言现行有能熏之作用者：现在法之有强盛势用者（不论有漏或无漏，相分或见分），于生起之刹那，熏第八识，生自类种子；现行望其所熏生之种子，为因缘。（参考《识论述记》四十四。）综上所言，则因缘唯有三种，即（一）前刹那种子望其所生后刹那种子（因果异时），（二）种子望其所生现行（因果同时），（三）现行望其所熏生之新种子（因果同时）。此三皆能亲生自果，故是因缘。若异此者，不名因缘。

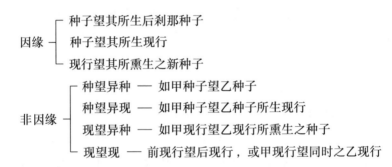

```
        ┌─ 种子望其所生后刹那种子
因缘 ─┤── 种子望其所生现行
        └─ 现行望其所熏生之新种子

        ┌─ 种望异种 ── 如甲种子望乙种子
非因缘 ┤── 种望异现 ── 如甲种子望乙种子所生现行
        ├─ 现望异种 ── 如甲现行望乙现行所熏生之种子
        └─ 现望现 ── 前现行望后现行，或甲现行望同时之乙现行
```

二、等无间缘——前一个现行识聚（心王及其同时现行之心所合名一识聚）望其自类无间之一后念识聚，有开避其现行位，导引令生之作用。故前念识聚为后念自类识聚之等无间缘；如前念之眼识聚为后念眼识聚之等无间缘。所以名"等无间"者：以前心后心，体用齐等（前后念之心王及各种心所于同一刹那中，各唯一个，名体齐等。前后念之心王及各心所，一一齐引后念心、心所令起，名用齐等），而中无间隔故。只须中无间隔，自类识聚前后相望，虽经百年，犹有开导之用，得为等无间缘。

三、所缘缘——所缘者，谓心、心所见分所缘之处（此第一个

"缘"字作攀缘或缘虑解），即对境。此所缘境，又有令见分托之
而生之功用，故复名缘。即所缘为缘，名所缘缘。所缘缘，有亲
所缘缘与疏所缘缘二种：亲所缘缘者，与见分不相离，亲为所虑
所托，如相分之于见分，更无余分间隔，乃至见分及证自证分之
于自证分，自证分之于证自证分，又如真如之于根本智，皆是亲
所缘缘。

$$
亲所缘缘
\begin{cases}
相分望见分 \\
见分望自证分 \\
自证分望证自证分 \\
证自证分望自证分 \\
真如望根本智
\end{cases}
$$

疏所缘缘者，与见分相离，然能为本质，引起亲所虑托之相
分。此即他众生之识所变及自身中别识所变，仗为本质者是。言
"疏"者，为相分所间隔故。于此，有一事学人应当了解，即见分
生时，必"带"所缘境之"相"而生是。言带相者，"带"与"相"各
有二义：一、"带"者"挟带"，"相"者"体相"；即见分逼附境体
（即亲所缘缘之体），挟带其体相而缘之，如钳取物，体不相离。二、
"带"者"变带"，"相"者"相状"；即见分变带一似彼本质之相
状——即相分——而亲缘此似质之相，如摄影者观见摄影机镜中
之像，见分与本质相离。

四、增上缘——增上者，强盛殊胜之义。若甲法有强盛殊胜势
用，对乙法能作顺益或违损者，甲法为乙法之增上缘。言顺益者，谓
助令生起或助令增长。言违损者，谓碍不令起或起已令坏。以甲
法能令乙法之或生或灭增加胜进，故名增上缘。如水土与禾作顺
增上缘，霜雹与禾作违增上缘是。

以上四缘中，初因缘，依种子及现行立；余三缘，唯依现行立。每一见分识生时，必须具四缘；每一相分境生时，但须因缘增上二缘便足。无有一法从一缘生者；除无为法外，亦无有法不待缘而生起。惟其建立四缘，故缘生义得以成立。若孤因（即一缘可以生果）则无缘生义。无缘生义，则应一时可顿生一切法；以不待众缘故。若一时可顿生一切法，则人类未有文字之前应已有原子发电厂；而事实不然。故无孤因可以生果之理，而缘生义成。由缘生义故，便遮两种邪计。何谓两种邪计？一是不平等因计，二是自然外道之论。言不平等因计者：如建立大自在天等，为万有之因。即此因体，超出于万有之上，故云不平等。作是计者，名不平等因计。孤因既不能生果，则不平等因自亦不能成立。言自然外道之论者：云万物自然而生，不待众缘，其过与不平等因计正同。

（丁二）十因分三：戊一、十因之建立，戊二、十因摄为二因，戊三、四缘十因相摄。

（戊一）十因之建立

《瑜伽》《唯识》等论于四缘之上，别建立十因。

（一）随说因——人类制假名以表事物。约定俗成之后，闻说种种名者，由意识中之想心所取其相貌。能取像故，方能发语。依此语言，便能于所见、所闻、所觉、所知之事物，有所诠表，说种种义。就此点言，能说之语为所说事物之因，名随说因。此因于增上缘建立，能说是所说之增上缘故。

（二）观待因——观者，对也。待者，藉也。谓观待此法，令彼法或生、或住、或成、或得。即凡能为甲法生、住等助缘之乙、丙、丁等法，皆是甲法之观待因。如观待手故，有执持业；观待足故，有往来业等。此亦于增上缘建立。

（三）牵引因——种子未成熟位，即未为贪爱等烦恼所润时，但能牵引远果。依此未润种子立牵引因。此依因缘建立。

（四）生起因——种子已成熟位，即已为贪爱等所润时，能生起近果。依此已润种子立生起因。此依因缘建立。

（五）摄受因——诸现行法，虽由其自种子所生，然所余诸缘，展转相助，和合似一，助成种子势力，共办于果，即共同摄受果法，故名摄受因。此摄受因，依六处建立：（1）心、心所之等无间缘。（即等无间缘望其所生果为摄受因。）（2）心、心所之所缘缘。（即所缘缘望其所生果为摄受因。）（3）心、心所之所依根。（即根望所生果为摄受因。）（4）作业（如造种种宫室，器物等）时，作具（作业之工具如锛斧等）之作用（如锛斧等有斫伐之用），即除种生现、种生种、现生种及亲作现缘，余一切疏助现缘，能成办种种事业者，如土壤、水分之于谷芽是。（即作具之作用为此种种事业之摄受因。）（5）作业时，能作者之作用，即能成办事业之亲作现缘；如眼根之于眼识，种谷者之于谷芽是。（即作者为所作事业之摄受因。）（6）一切无漏正见；即无漏正见除能引生自种方面属于因缘外（因缘非摄受因），他方面复于相应法（无漏有为俱生法）能助，于后无漏有为法能引，于无为法能证。（即无漏正见为所助俱生无漏有为法、所引之后时无漏有为法及所证无为法之摄受因。）前五为疏缘，能助有漏因缘，成办三界有漏诸法。第六为疏缘，能助无漏因缘成办无漏有为法。此因依等无间、所缘、增上三缘建立。

（六）引发因——无记、染、善、现、种诸行，各能引起同类胜行，或能引得无为法。依此诸行立引发因。此依因缘及增上缘立。

（七）定异因——有为法于自果有能起或能证（谓于有为，因能起果；若于无为，因能证果）之差别势力。即三界一切有漏法，各能生自界等果（自界法与自界为因，自界中又自性与自性为因，自性中又色与色为因，色中又内色与内色为因，外色与外色为因，如是等）。又三乘种子，各能得自乘有为、无为果。依此能起自果及能证自果之有为法，立定异因。诸法因果相称，不杂乱故，名为定异。此依因缘及增上缘立。

（八）同事因——从观待因至定异因，此六种因，有和合力，同办一事，即共令一果或生、或住、或成、或得。故将六因总摄为一，立为同事因。此因遍依四缘建立。

（九）相违因——若此法于彼法之生、住、成、得事中，能为障碍，则立此法为彼法之相违因。如霜雹之望禾稼，烦恼之望涅槃，真见之望有漏生死等，各是相违因。（此依增上缘建立。）

（十）不相违因——翻上相违因，于一法之生、住、成、得不相障碍之余一切法，以不违彼法之生等事故，即立此诸法为彼法之不相违因。（此因遍依四缘建立。）

（戊二）十因摄为二因

前述之四缘中，第一类因缘，是诸法亲因，办生自果，故亦名能生因；余三缘是所藉之外缘，能扶助亲因，使能办果，故亦名方便因。十因中有兼含能生及方便者，有纯为方便因者。（本节所述与前人略异。）兹表之如下：

随说因 － 方便因

观待因 － 方便因

牵引因 － 能生因（能生现行之种子）

生起因 － 能生因（能生现行之种子）

摄受因 － 方便因

```
引发因 ┬ 能生因（能生现行之种子，能生种子之现行）
       └ 方便因

定异因 ┬ 能生因（能生现行之种子，能生种子之现行）
       └ 方便因

同事因 ┬ 能生因（能生现行之种子，能生种子之现行）
       └ 方便因

相违因 ─ 方便因

不相违因 ┬ 能生因（能生现行之种子，能生种子之现行）
        └ 方便因
```

（戊三）四缘十因相摄

谓十因中，牵引、生起二因是能生因，于四缘中是因缘。引发、定异、同事、不相违四因各有一分是能生因，即各有一分是因缘。摄受因全是方便因，而方便因摄等无间等后三缘，然则摄受因又是后三缘中之何缘耶？抑兼具三缘耶？曰：兼摄后三缘。以摄受因依六处建立（见于前段五），其中第一处是心、心所等无间缘，第二处是所缘缘，余四处皆增上缘故。引发、定异二因中之另一分方便因，全是增上缘摄。同事、不相违二因中之另一分方便因，等无间、所缘、增上三缘所摄。其余随说、观待、相违三因，皆是增上缘摄。（本段所说，亦与前人稍异。）表之如次：

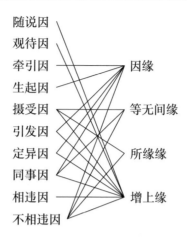

（丁三）四缘十因所感之果

四缘及十因所感引者名果。果有五种：一、异熟果，二、等流果，三、离系果，四、士用果，五、增上果。

一、异熟果。由业种子为增上缘所感之果，名异熟果。业种子各随其能熏之现行因力，或是有漏善性，或是恶性；唯所感之异熟果，则唯是无记性。即果望因，异类而熟（性类异故），故名异熟。（《识论述记》二，异熟有三义：1. 异时而熟，谓因先果后，果之成熟，与因异时故；2. 异类而熟，因是善恶业种，果是无记性之异熟果，因果性类异故；3. 变异而熟，由因变异，果方成熟故。今取异类而熟。）此果报体（异熟果）有二：（1）总果报体，（2）别果报体。此二性皆无记。总报即第八识中名言种子所变之器界与根身。器界与根身皆是第八识之相分，能变器界、根身之种子亦是第八识之相分；故说总报体即第八识。所以名总报者，以第八识相续不断，遍于欲、色、无色三界，是果之主（言"主"者，谓此果报由其所藏之种子所变生），能通与前七识聚之一切相、见为所依故。由第八识所藏能生器界、根身之名言种子法尔各别，故所生之器界、根身，亦有三界五趣差别。器界亦名依报，即山河大地星球等是，是众生依住处故。虽众生共依，实则各自变起，和合似一。根身亦名正报，即人畜等身体。合依报与正报，名为总报。别报是前六识以第八所变之总报（器界、根身）为本质，而各别变起之相分。此种相分，即前六识见分所缘之器界与根身；是为别报。别报既是前六识之相分，故说别报体即前六识。所以名别报者，因前六识有间断，不遍三界，以非是主，又受报各别不同故也。总别果报，虽以名言种子为因缘而生，然名言种子势力赢劣，不能独力自生现果，必藉势力强盛之善恶业种子为增上缘，给予资助，始能现行。（若不待增上缘而可以生果，则应一切时顿生一切果，便不合理。）能引总报之业，名为引业。能引别报之业，名为满业。是故名总、别报为异熟果者，乃对业种子增上缘立名。若对名言种亲因缘，则应名之以等流果。业种子资助亲因缘名言种子，对于总、别报，只为疏缘。于此称业种子为异熟因，名总、别报为异熟果。此异熟果，乃四缘中增上缘之果也。第八总果体名真异熟。前六别报果体从第八异熟识而生，亦是无记性，故名异熟生。合真异熟及异熟生，名异熟果。

异熟果 ┌ 真异熟 － 总报 － 第八所变根身、器界 － 引业种子所感
　　　 └ 异熟生 － 别报 － 前六所变根身、器界 － 满业种子所感

问：异熟果必是业种子之所感耶？答：异熟果必是业种子之所感，但业种子之功用则不限于感异熟果；以业种子除感总报根身、器界及别报根身、器界外，亦能为他无记心、心所相、见分种子作增上缘（如为第八识见分及无记前六识之见分等生起作增上缘

是），令起现行故。盖此等名言种子势力微劣，不能无助而生现也。

问：何故第七识非异熟生？答：第七识非由业种感生故；此识在因位（众生位）中唯是染性（有覆无记及不善合名染性），在果位（佛位）中唯是无漏，非势力羸劣之无记性故。

二、等流果。由种子、现行所生自果，或自同类所引起胜法，名等流果。"等流果"一名有二解：（一）"等"是同义，"流"是类义；同类因之果，名等流果（等流之果，依主释）。（二）"等"即类同，"流"谓生引；同类因所引生之果，名等流果（等流即果，是持业释）。此等流果又分二种：（一）因缘所生自果（此中所云因缘，即四缘中之因缘，通现行与种子，义见四缘段）名等流果。如善、恶、无记，相分、见分种子为因缘，生起后刹那自类种子；此后刹那自类种子，望前刹那种子为等流果。又如种子生起自类现行，此现行望其自种子为等流果。又如现行熏生自种子。此种子望其能熏之现行名等流果。即于种所生种，种所生现，现所熏种，立等流名。（二）自一类法所引之同类胜法，如下品善法所引中品善法，中品善法所引上品善法，亦名等流果。善法如是，恶法及无记法可准知。（古人有于与先业相似之果法，亦称之为等流果者，如先作杀生等业，后得短命果报等。此实是增上果；依相似义。假名等流果耳。）

问：等流果是名言种子所生，一名言种子能生多个等流果否？答：一名言种子得多次生等流果，但非同时生；以名言种生果无穷故。（参见前说名言种及业种文。）

问：多名言种子能生一等流果耶？答：许多体类、性类相同之名言种子（如一眼识见分种望他眼识见分种，是体类相同；如一恶性之眼识见分种望他恶性之眼识见分种则体类、性类皆同），若势力齐等，俱逢缘合，亦得同时共生一等流果；譬如一麦中有多极微，可许同生一芽等果，非一一极微各自生果故。（见《成业论》及《识论述记》十八。）由此，于同一刹那中，许多善性眼识见分种子得共生一善性眼识见分果；眼识见分如是，眼识相分亦然；眼识如是，余识及心所亦然。

三、离系果。由无漏智断障所证显之无为法，名离系果。离者远离，即断灭义。系者系缚，即烦恼是。由烦恼障系缚众生，恒处生死，不得解脱。由断彼故，便证涅槃。离系之果，名离系果（依主释）。此中"断障"一词有二释：一释，唯断烦恼障；所知障非系缚法故。二释，亦通所知障，断所知障得自在故；或声闻唯断烦恼障，佛并断所知障，无上涅槃要由二空所显得故。此果以无为法为体。无为常住，不由断障所生起，唯由智力所证显。不同有为法之因果。

四、士用果。作者假作具所成办之事业，名士用果。士谓士夫，即能作者。用谓作用，即能作者之作用。士夫作用所得之果，名士用果。士用果有二：（1）人士用，即士夫是"假者"义（五蕴所成之假体，名为假者）。如农夫是一个假者，此假者藉农作为作具，而成办稼穑，此稼穑便是农夫假者作用所得之士用果。他如商人藉贸易而获之财利，画家藉绘事而作成之图画等，皆名士用果。（2）法士用，即士夫是"实法"义（有实作用之事物，名为实法）。如作意心所是一实法，此实法有发动心、心所种子之作用，故能令其现行取境，此"现行取境"事，便是作意心所作用所得之士用果。

五、增上果。除上四果外，余一切所得果名增上果。增上一名，具有二义：（1）与力义，（2）不障义。是增上法所生或所显之果，故名。如眼识是眼根之增上果；乃至意识是意根之增上果等。前四种果中，异熟、等流、士用三种唯是有为法，离系果唯是无为法，此果则通乎有漏、无漏、有为、无为。一切有为法（不论其为有漏、无漏），由不障碍因，自体得生，是增上果。无为法（唯是无漏）由正智而得显，亦是增上果。虽前四果亦由余法之增上力所生起或证显，而今第五，除彼取余。

此五果中，异熟果，四缘中增上缘得；十因中牵引、生起、定异、同事、不相违因得。等流果，四缘中因缘得；十因中牵引、生起、引发、定异、同事、不相违因得。（一说增上缘及摄受因亦得。）离系果，四缘中增上缘得；十因中摄受、引发、定异、同事、不相违因得。士用果，四缘中增上缘得；十因中观待、摄受、同事、不相违因得。（一说四缘中因缘、等无间缘，十因中牵引、生起、引发、定异因亦得。）增上果，四缘、十因一切容得。

（丙二）辨生分三：丁一、种子现行之缘起关系，丁二、识变之道理。丁三、十二缘生。

（丁一）种子现行之缘起关系分四：戊一、种子现行相望，戊二、现行与现行相望，戊三、现行望其所熏种子，戊四、同类种子相望。

一切行皆由种子与现行互为因缘而生起，其因果之关系有四：

（戊一）种子现行相望

第八识中种子，望能缘种子之心、心所，为三种缘，一、因缘，二、所缘缘，三、增上缘；望其他为二种缘，一、因缘，二、增上缘。为因缘者，以一切有为法，皆由其自种子所变现故。为所缘缘，义可知。为增上缘者，种子于现行法之生起，能助与力，如根种子助识种子，作意种子助识种子，令起现行，是增上缘故；又虽无助力，但不为障，如异种子望异现行等，亦是增上缘故。

（戊二）现行与现行相望

现行与现行相望之因果关系有六门：

一、自他有情相望，为所缘缘及增上缘，一众生得托质变似他众生身故。

二、自身八识聚相望，定为增上缘；或能与助力，或不为障故。不定为所缘缘；唯第八识望第七识，第七识望第六识，前五识望第六识，皆为所缘缘，余不尔故。

三、自识前后刹那相望，若第六识，有等无间缘、所缘缘、增上缘义。其他，但为等无间缘及增上缘，不为所缘缘；第六以外诸识，唯缘现在，不缘过去故。

四、在同一识聚中相应心、心所彼此相望，互为增上缘。相应法所仗质同，不相缘故，不为所缘缘。

五、心、心所各自相分望见分，为所缘缘及增上缘。

六、见分望自证分，及自证分与证自证分相望，俱为所缘缘及增上缘。见分望相分，及自证分望见分，唯为增上缘。

以上六门系就有漏现行八识而言。若无漏八识聚自他相望，则皆为所缘缘及增上缘；以无漏识能遍缘故；但见分不为相分所缘。

（戊三）现行望其所熏种子

现行望其所熏生之种子，为因缘及增上缘；望非所熏生种子，唯为增上缘。

（戊四）同类种子相望

种子望自亲所生种，为因缘及增上缘；望非自亲所生种，为增上缘。

（丁二）识变之道理分五：戊一、因能变与果能变，戊二、因缘变及分别变，戊三、三类境相，戊四、因缘变中之共变与不共变，戊五、众生各变宇宙万象。

（戊一）因能变与果能变

一切现行的相分、见分，皆是识所转变。（转是生起义，转变即变生。）有所变即有能变，以能与所恒相待故。能变有二种：一、因能变，二、果能变。（见《识论》二及《述记》十二。）

因能变有三解：

一、因能变唯自种子。因，谓赖耶所摄持之种子，不论其为名言种子或业种子，相分种子或自体分种子，皆有能生果之功能，名因。此因种子，能变生心、心所之自体分（自体分与见分同一种子而生，故自体分种子即见分种子）、相分（别有种子之相分），及能变生后刹那之自类种子，故名能变。（因即能变，持业释。）此解全依《识论》。

二、因能变通种子及现行。窥基于《识论述记》十二中别出己见，以为种子为因变生现行固是因能变，现行为因而熏生种子亦应是因能变。此解于理可通，然摄法太广；以依此解，则一切行皆是因能变，安立因能变名反无用故。此解虽出自窥基，然慧沼作《了义灯》，已弃不用。

三、因能变唯自体分种——近人熊十力于所著《佛家名相通释》下云："因变，即种子为因，而生识体。果变，即由识体现起相、见二分。……如眼识心王自证分，从其自种而生；故说彼自种为因能变。即此心王自证分上，现起相、见二分；便说此心王自证分，为果能变。……"熊氏此说，于相见同种家可通，于相见别种家说不通。何以故？以相分种子既不属因能变，亦不属果能变故。熊氏既许有一分相分别有种子，而又不说此种子是因能变，可见其摄义不周也。

故三说中，以第一说为胜。

果能变者：果，谓一切现行心、心所之自体分。自体分以自种子为因而得生，故望因而名果。此现行果（自体分）于生起之刹那，即转变为相、见二分；故复名此自体分为能变。（果即能变，亦持业释。）

通涂所云"识变"，乃合因能变及果能变而言，此因能变及果能变，本非二事，亦非异时。以是同一识聚之心、心所种子，展转为增上缘而起现行故；即自体分以种子为因而得生，自体分从种而生之刹那，同时即变生相、见二分；若相分别有种者，则由自体分种子挟相分种子而俱起，仍得说是自体分之所变也。

（戊二）因缘变及分别变

果能变中之自体分转变为相、见二分。而见分以相分为所缘境。相分是一种影像。与此影像相对之外界存在，则名为本质。（此所谓外，乃指同一众生中甲识与乙识间之内外，非指离识独在之外界。）一部分影像（相分）有所托之本质，一部分影像则无其本质。

又二分中，见分是自体分之用（义用属性），自体分与见分同一种子而生。相分则不然，有与见分同种生者，亦有与见分不同种（别种）生者。故有漏诸识自体分变生相分时，有因缘变及分别变二种。

因缘变者，谓若相分不由能缘见分之计度分别力变现，唯由自种子（因缘）变生；如前五识及五同缘意识，所缘之色等五境及第八识所缘之种、根身、器界是。此种相分以先业为增上缘，名言种子为因缘而变现。有实体相，有实作用，名为性境。（性是实义。）

分别变者，谓若相分无别能生之自种子，唯由见分之计度分别力而变现。此种相分复分为二：一、无所托之本质，是为独影境，如第六意识所思惟之义理是。二、带有所托之本质，但此相分不称本质自相；如第七末那识缘赖耶时，托赖耶为本质而变起我相是。

问：相分之属因缘变者，既自有其种子，何故不言自种所变而说为由自体分所变耶？答：自体分种子变生自体分时，自体分种亲挟相分种子而俱起。相种既被挟带而起，故言相分为自体分之所变。

（戊三）三类境相

上文既明由因缘变及分别变而产生三类相分；今当再论此三类境相（相分）。

一、性境：性是实义。此境从各别自种子生，有实体、实用，能缘见分不谬，实称境之自相而缘之；故名性境。如前五识及五同缘意识见分所缘之色等五境，及赖耶见分所缘之三种境（种、根、器）是。

二、独影境：此境与能缘见分同一种子而生，无实体、实用，是能缘见分由分别力所独变之影像（相分），无所仗之本质；故名独影境。如五不同缘意识、五后意识、独散意识、梦中意识之相分是。

三、带质境：此境亦与见分同一种子生，但有实本质（有增上力，能起相分），然能缘见分缘境之时，虽带（带似之义）本质，且变现似本质而别有种子之相分，但依自分别力，别变现异相的影像（第二重相分）而缘之；此影像不称本质（似而不称）之自相；故名带质境。如末那见分缘赖耶见分时，于有自种子而又称本质的相分上，别变"我"（自我）相而缘之；此"我"相是带质境。又

如独散意识见分缘第八相（五根、五境等）、见时，亦是带质境。(旧
说谓带质境是由见分种及本质种合生带质境者，一、以此境要由本
质之增上力始起故，二、能熏成本质种于赖耶中故，假说亦由质种
所生[间接生起]，非真二种合生一杂物也。见《内学》第二辑熊
十力著《境相章编者按语》。)

下图明三境生时与见分种子同异之情形：

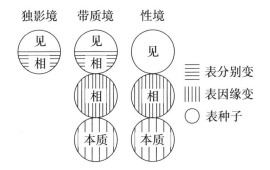

下表说明三境与二种变及三量之关系：

境	变	何量得
性境	因缘变	现量
独影境	分别变	比、非量
带质境	分别变、因缘变	非量

（戊四）因缘变中之共变与不共变

所谓识变似境者，不外因缘变及分别变。分别变简单易了，唯
因缘变则较复杂而难明。今特论因缘变。

因缘变有二种：一、共变，二、不共变。

吾人已知，前五识之相分及赖耶之相分，皆由因缘变而产
生；赖耶之相分又分种子、有根身（身体）及器世界（物质世界，如

山河大地及诸天体是）三种。有根身又包含二物，即五根及根依处（根依处为五根之扶助，亦名扶根尘）。

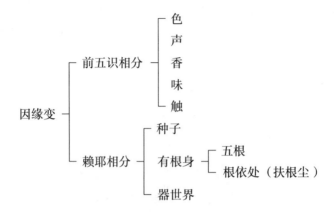

能变起前五识相分之名言种子，有共相种与不共相种两类。能生自他共受用之现行果者，名共相种子；能生自他不共受用之现行果者，名不共相种子。此两种名言种子，必藉善恶业种子为增上缘，始能生起自现行果。业又有二：一、若其所熏成之业种子有增上力，能扶助"变器世界诸名言种子"起现行者，名为共业。二、若其所熏成业种子有增上力，能扶助"变有根身诸名言种子"起现行者，名为不共业。共相种子，由共业种为增上缘，而起现行，名为共变。不共相种子，由不共业种子为增上缘，而起现行，名不共变。器世界之成立，由于共变；有根身之成立，由于不共变。

共、不共变中，总分为四：

一、共中共，即共相种子所变，又共受用；如各类众生共变山河等，又共受用之。

二、共中不共，即共相种子所变，而不共受用；如自己田宅、衣服等，余人不能受用。

三、不共中共，即不共相种子所变，而共受用。如扶根尘等，自识所变，他众生识托质变似而受用之；故有少分他受用义。

四、不共中不共，即不共相种子所变，而不共受用。如净色根等，自识所变，为自识所依；故唯自受用。

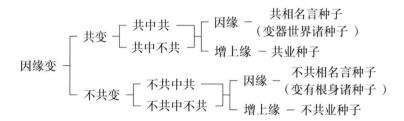

（戊五）众生各变宇宙万象

藏于赖耶中之共相及不共相种子，变现而成有根身及器世界。而赖耶非众生所共有，乃每一众生各有一赖耶。因此，众生各自唯识，各自变起宇宙万象。所谓共变，非多众生共变一器世界而共同受用；乃各自变现一器世界而受用之。然各众生之共业相似，所感之器世界亦相似；自他互为增上缘，互为本质，令自他共受用，故名共变耳。其实各众生所变器界，一一各别，而相状相似，同在一处，互不相碍；如甲之世界与乙、丙等之世界，同在一处；譬如千灯之光，各各遍满于一室，多光似一，而光光各别，光虽各别，而互不相碍。但学人于此，切勿误解，以为此是多元论，以无数众生共一真如体故。

问：唯识许众生各变自世界；众生于自所变之世界外，为尚有所知，抑别无所知？若别无所知，则是唯我论，如何得知众生各变一世界？若尚有所知，即是识外有境，云何得言唯识？答：他众生识所变者，自识亦得托之为本质，由赖耶中共相或不共相名言种子变似之，如他众生之根依处（扶根尘）亦由自第八识托他所变者为质而变似之；即他世界中之事物，缘具备时，亦得映入自世界之内。故虽非直接感知他世界中物事，而不堕入唯我论中。又唯识不言自识所变世界之外，无他识所变世界。所谓唯识者，乃人人各自唯识。对于他识所变之世界，缘具时，托质自变则知之，不变则不知；当知之时，境由自变，非离自识独在，故得名唯识。

（丁三）十二缘生

众生由烦恼为增上缘，而造作善、恶业，熏生业种，藏伏第八识中，念念等流，展转相资，以渐成熟。如值前异熟果方尽，则此已成熟之业种，复能为增上缘，感生后异熟果。此烦恼、业、果三者，皆是杂染法（杂染者，有漏之异名），依次名为烦恼杂染、业杂染、生杂染；有漏人生，由此建立。此三杂染，亦简称为惑、业及苦。

佛家为欲说明众生生死流转现象，及说明有漏人生之缘起，将惑、业、苦开为十二支，是为十二缘生，亦名十二缘起，亦名十二有支。缘是依藉义。后支藉前支为缘而得生，故名缘生；前支为缘而后支得起，故名缘起。此十二缘生，依"世"而建立；有"三世二重因果"及"二世一重因果"两说。前说是小乘说一切有部义，后说是唯识家义。在佛学中二说各有其地位。然二说比较，则后说之理论较为周密。兹依《识论述记》，述二世一重因果义：

一、无明支。无明即痴，乃烦恼心所之一。本支只取与第六意识相应之痴，而能为增上缘，发动有漏善、恶业者；并非一切痴心所皆包在内。此痴复通取种子及由其种子所起之现行。

二、行支。即前支所发动之有漏善、恶业。此业以第六识相应之思心所为体，亦通取现行与其所熏生之业种子。

三、识支。即由前支所引发、能亲生当来真异熟果之名言种子。

四、名色支。即除前支当来第八识名言种子及除后所说六处、触、受三支种子外，所有能生余异熟无记五蕴（即想蕴全，色、行、识三蕴少分）之名言种子。"名"是五蕴中非色四蕴（受、想、行、识）种子。"色"即色蕴种子。

五、六处支。即第八识中亲生当来眼等六根之名言种子。

六、触支。即第八识中所含藏、亲生当来第八识等相应异熟无记触之名言种子。（第七识相应触是有覆性，非异熟无覆无记，故应除去。）

七、受支。即第八识中所含藏、亲生当来第八识等异熟无记受之名言种子。（同前触支道理，应除第七识相应受。）以上五支，皆是能生异熟果之名言种子。此五种种子，藉行支中业种子为增上缘，待命终时及中有没时，遂起现行。

八、爱支。即与第六识相应之下品贪心所。行支之种子是业种子，识等五支之种子是名言种子。此业种子及名言种子俱藏伏于赖耶中。业种子为增上缘，引发识等五支之名言种子，决定当来所生之善、恶趣。此时识等五支唯是种子，未起现行；以此期异熟果犹未终结故。要待命终时及中有没时（中有者，前段异熟果已尽，后段异熟果未起之中间存在），业种子及名言种子已为贪等烦恼所滋润（贪等烦恼现行时，熏生贪等烦恼新种，同时熏发彼行支业种及识支有漏名言种，使之增长，名为滋润），然后业种子之威势更强，发动名言种子；名言种子受双重助力（业种子之引发力及贪等烦恼之滋润力），又有空位可以出现，遂起现行。譬如谷、麦等种子，藏于地中，有土壤、肥料以保养之，亦须雨水滋润，始能勾萌甲坼。能为润缘，使此业种子尽其增上功用，并使此名言种子能生起现行者，即命终时对于自身及境界所起下品贪等烦恼。能作润缘之烦恼不止是贪，而以贪为最胜，故以贪为代表。即于此下品贪爱，立为爱支。此支亦通取现行及其所熏之种子。

九、取支。即前所说第六识相应上品贪心所，及其余一切烦恼，立为取支。此亦通取现行及其所熏之种子。

十、有支。即前所说行、识、名色、六处、触、受六支，为爱、取所滋润故，决定能感当来苦果，即行支业种子能感异熟果，余五支名言种子能感等流果。于此已被滋润之六支种子上，立为有支。

十一、生支。前期生命终了（从中有初托母胎之刹那起），曾被爱、取所滋润之识、名色、六处、触、受五支种子遂起现行，即后期五蕴生起，直至此现行果衰变之前，在此现行果上总立为生支。

十二、老死支。后期五蕴现行果衰变名老，灭坏名死。即从此五蕴现行果衰变以后至命终分位，总立为老死支。

十二支中，识、名色、六处、触、受五支，是生及老死二支之种子；生及老死二支，即前识等五支之现行。生及老死合为一期生命。在此一期生命中又起无明，无明又能发业（新行支），业又能资助苦果种子（新识等五支），苦果种子为贪等烦恼所润（新爱、取二支），又决定能感未来苦果（新有支）。未来苦果现行期中又为后一期生命之历程（新老死支）。众生复无始来之因果流转相状如此。又十二支中，无明支及行支，能引发识等五支，决定当来所生的善、恶趣；然以此期生命未终故，识等五支未得润缘故，此五支尚未能生现行；故无明及行二支名能引支，识等五支名所引支。爱、取、有三支，能生当来果（生及老死），故名能生支。生及老死二支，对前三支名所生支。又十二支中，前十支是因，后二支是果。十因、二果定不同世：过去世十因，感现在世二果；现在世十因，引当来世二果。故十二支中，必包两世；但因果关系，则只有一重；是为二世一重因果。表之如下：

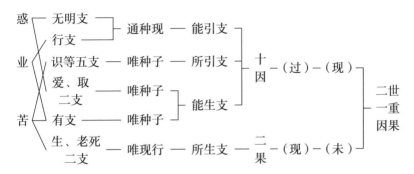

此十二支，在理论上，前支为后支生起所依藉：由有生故，便有老死；由有有故（行等六支种子为贪等烦恼所润），便得有生；由有取故（意识相应贪等烦恼相续现起，终至引起上品贪等烦恼，起滋润作用），便得有有；由有爱故（意识相应下品贪等烦恼起滋润作用，复能引发上品贪等烦恼），便得有取；由有受故（受以生起贪爱为业用），便得有爱；由有触故（触为受生起之所依），便得有受；由有六处（先有六根现行，六识心、心所始得现行），便得有触；由有名色（由有能造大种现行，色根种子始现行故；此中意根是名中已灭谢无间六识故），便有六处；由有识故（要有第八识从种现起，作所依止，名色种子始现行故），便有名色；由有行故（业及业种子），便得有识；由有无明（发业惑），便得有行。此乃理论上之次序；事实上则可以数支同时并存，不分先后，如识等五支是。

（甲三）真如分五：乙一、真如一名之意义，乙二、唯识经论对真如之解说，乙三、真如与识行，乙四、证真如之方法，乙五、证真如之胜利。

（乙一）真如一名之意义

真如是梵语 Bhūtatathata 之译名。此字含有"真实"及"如常（不变）"之义，故译为真如。宇宙实体真实而常在，故名之以真如。如《识论》二云：

"'真'谓真实，显非虚妄（按'虚妄'是不实在之意）。'如'谓如常，表无变易。谓此真实，于一切法常如其性；故曰真如。"

在大乘经论中，真如有种种异名：或名法界；界是因义，是一切圣法所依之因故（见《辨中边论》上、《集论》一、《佛地经论》七等）。或名法性；性是体义，是一切法之实体故。或名空性（简称空）；由缘此故，能令一切杂染事悉皆空寂故（见《杂集论》二）。或名空无我性或二空无我性；由修习二空无我观，灭我、我所执而证得故（见《佛地经论》七）。或名唯识性；是依他起识之真实体性故（见《识论》八）。或名圆成实性；周遍（圆）恒常（成），体非虚妄故（见《识论》八）。此外复有实相（见《涅槃经》四十），如来藏（见《楞伽经》四、《胜鬘经》《大般若经》第十会等），佛性（见《涅槃经》四十七《华严经》三十九及《佛性论》），法身（见《佛地经论》七等）等，皆各据一义而立名，恐烦不述。

真如之名，大乘经中虽多有之，然在小乘经却绝少出现。盖佛在小乘经中不喜谈形而上问题，故对于宇宙实体之真如亦不谈及。汉译《杂阿含经》二十一有"以一乘道净众生，离忧悲，越苦恼，得真如法"数语，或即据此以为小乘经亦谈真如。但今人勘同经巴利文本，知此"得真如法"一语巴利文为

nāyassaadhigamaya nibbānassa racckikiriyava，乃"为得真理，为
证涅槃"之意；故不可据以为证也。

（乙二）唯识经论中对真如之解说

真如是宇宙实体，而一切有为法（诸行，现象界）皆是此实
体上之用。虽然用不离体，但不可随指一用即说为体。换言之，牛
屎、马尿皆不离真如，却不可说嗅到牛屎、马尿便是证触真如。以
此之故，说真如即诸行或真如离诸行皆为有过。即以此故，诸经
论多谓真如为不可说，或谓真如离言说相（有离言语之义相）。复
次。因吾人所说者皆是语言，语言之外表是声音，内容则是名相
（概念）；而声音、名相是有为法，非真如。故经论中所说者皆名
相；名相与其所指之实际，毕竟非一物也。兹摘录唯识宗经论中
对于真如之描述数则，以见一斑。

在引述之前有须说明者，即经论中言真如，有广义狭义之
别。从广义言，（一）一切实事实理皆名真如；（二）各种高下不
同之净智所体验到的境界，皆具真实性故，皆名真如。从狭义言，则
唯宇宙实体名为真如。

其属广义中之第（一）义者，如《瑜伽论》七十七引《解深
密经》云：

"如所有性者，谓即一切染净法中所有真如。是名此中如所有
性。此复七种：一者，流转真如，谓一切行无先后性；二者，相
真如，谓一切法补特伽罗无我性及法无我性；三者，了别真如，谓
一切行唯是识性；四者，安立真如，谓我所说诸苦圣谛；五者，邪
行真如，谓我所说诸集圣谛；六者，清净真如，谓我所说诸灭圣
谛；七者、正行真如，谓我所说诸道圣谛。当知此中由流转真如、
安立真如、邪行真如故，一切有情平等平等；由相真如、了别真如

故，一切诸法平等平等；由清净真如故，一切声闻菩提、独觉菩提、阿耨多罗三藐三菩提平等平等；由正行真如故，听闻正法，缘总境界胜奢摩他、毗钵舍那所摄受慧平等平等。"

《佛地经论》及《识论》有相似之解说且较为明晰。兹为令读者易于了解起见，依《佛地》及《识论》将七真如义解释如下；

一、流转真如——诸行由无始世来因果相续流转之真相（真实状况）。

二、相真如——亦名实相真如。由二空（二无我）观智所显露之"一切法真实体性"，即宇宙实体。

三、了别真如——亦名唯识真如。一切染净诸行唯识所现之真相（或真实道理）。

四、安立真如——一切有漏法皆苦之真相（或真实道理）。

五、邪行真如——烦恼及业能招苦果之真相（或真实道理）。

六、清净真如——灭谛之真相（或真实状况，真实道理）。

七、正行真如——道谛之真相（或真实状况，或真实道理）。

其属于广义中之第（二）义，即将高下不同之净智境界名以真如者，如《佛地经论》七云：

"或说九种，谓九品道除九品障所显真如。"

九品道出于《瑜伽论》卷一百。"道"即智之别名。九品道各有其所断之烦恼（障），烦恼断后各有其所显之境界。此九种境界，依《佛地经论》，皆名为真如。兹依《瑜伽论》将九品道及其所断之烦恼排列如后：

一、世间道，能证世间诸烦恼断之智。

二、出世道，能证究竟诸烦恼断之智。

三、加行道，为断烦恼，勤修加行时之智。

四、无间道，正断烦恼时之智。

五、解脱道，断烦恼后，无间心得解脱之智。

六、胜进道，解脱道后发起更胜加行时之智。

七、下品道，能对治粗显烦恼之智。

八、中品道，能对治中品烦恼之智。

九、上品道，能对治微细烦恼之智。

狭义（严格的意义）之真如，则唯自宇宙实体（亦即众生之本来面目），此乃由人、法二空智所发露，所证会，而非一切名言、议论之所能把捉者也。《瑜伽论》七十二云：

"何等为真如？谓法无我所显，圣智所行；非一切言谈安足处事。"

此以三义诠释真如：一、法无我（之观智）所显，二、圣（无漏）智之所行，三、非言谈安足之处。世亲之《五蕴论》云：

"云何真如？谓诸法法性，法无我性。"

此中"诸法法性"即是宇宙实体；"法无我性"者，观一切法无我（空）之智所显之实体也。"性"是体义。

然此实体何以名为真如耶？《辨中边论》上云：

"……即此中说所知空性（按空性是真如别名），由无变异，说为真如。真性常如，无转易故。"

《阿毗达磨集论》二亦云：

"何故真如说名真如？由彼自性无变异故。由一切时无我实性无改转故，说无变异。"

上述两论又指出真如之自性（本质）无有变异。（学人须注意，《集论》只说真如之自性无变异，并未说自性上之用亦无变异。）

《识论》九云：

"'真'谓真实，显非虚妄。'如'谓如常，表无变易。谓此真实于一切位常如其性，故曰真如。即是湛然不虚妄义。"

同论二又云：

"真如亦是假施设名。遮拨为无，故说为有。遮执为有，故说为空。勿谓虚幻，故说为实。理非妄倒，故名真如。不同余宗离色心等有实、常法名曰真如。"

同论十又云：

"十真如者：一、遍行真如；谓此真如，二空所显，无有一法而不在故。二、最胜真如；谓此真如，具无边德，于一切法最为胜故。……五、类无别真如，谓此真如，非如眼等类有异故。六、无染净真如，谓此真如本性无染，亦不可说后方净故。……八、不增减真如，谓此真如，离增减执，不随染净有增减故。"

《识论》于前文所述诸义之外，又加八义：一、真如乃真实存在的（非虚妄）；二、真如非超色、心等现象之外而存在；三、真如亦是假设的名言，其遮执的意味大于诠表；四、真如无处不在，真如无时不在；五、真如非顽固之物，其自体上具无边德用；六、真如无种类差别；七、真如本性无染无净；八、真如不随众生之染净而有增减。

综合上引诸论，则知真如者可从十一义以理解之：

一、真如是法无我之观智所显（上引《瑜伽论》七十二）。

二、真如是无漏圣智所行之境（同上）。

三、真如非言谈安足之处（同上）。

四、真如是宇宙实体（上引《五蕴论》）。

五、真如之自性不变（上引《辨中边论》上及《集论》二等）。

六、真如真实存在（上引《识论》九）。

七、真如非离色、心等现象而存在（上引《识论》二）。

八、真如一语亦是假立的名言（上引《识论》二）。

九、真如一语遮执之意义大于诠表（上引《识论》二）。

十、真如无乎不在（上引《识论》十）。

十一、真如体上具无边德用（上引《识论》十）。

此外，复有从八种遣相门以显真如者。如《佛地经论》七云：

"或说八种，谓不生、不灭、不常、不断、不一、不异、不来、不去八遣相门所显真如。"此乃依龙猛之《中观论》而说也。

问：真如不可说，而汝以排比名言、文字考据之方法以谈真如，宁非戏论（禅家云"一落言诠成戏论"）？答曰：此有二意：一、本书旨在晓论初学，初学者岂能一下摆脱名相！若无名句文字，何所凭依？故"不离文字，依了义经"乃吾人教学之原则也。二、本书谨遵慈氏家法。慈氏之学，"以施设名相始，以排遣名相终"（章太炎：《述学》，见章氏《国学讲习会会刊》），其善巧方便，于诸宗中为"不可复加也"（亦章氏语）。

问：言"真如非言谈安足之处"，其义如何？答：佛家以为凡是言论谈说所能立足之处皆是名言（概念），而名言只是诸行（有为法，现象界）之一部分，非真正的真如。当吾人由名言去拟想真如之时，佛家称为"思惟真如"，不由名言而由无分别智去证触真如之时，称为"观（现观、直观）真如"。《瑜伽论》七十三以四句分别如下：

"有思惟真如，非观真如——谓以分别所摄（属于概念的知识）如理作意，思惟真如；但见真如相，不见实真如。乃至未至正通达位（见道阶段），及通达后作意思惟安立真如（真如之概念）。

有观真如，非思惟真如——谓通达真如（见道）时，由胜义故思惟其相。

有思惟真如，亦观真如——谓通达后，相续思惟非安立真如（真实真如）。

有不思惟真如，亦不观真如——谓离如理所引作意思惟诸相。"

（乙三）真如与诸行

前节曾说，真如与诸行不可说"即"，不可说"离"。此是唯识家对"体（实体）用（现象）"关系之解说。唯其"不即"，故不可执一现象便说为体，而须有实证之方。唯其不离，故不可离现实（诸行）以求玄理（真如）。如何实证，将于解行篇中谈之。其"不即不离"之义，诸经中数数说及。如《般若心经》云："色不异空，空不异色；色即是空，空即是色。受、想、行、识亦复如是。"此明五蕴诸行与空性有不即不离之关系也。其解说体用不即不离最明切者莫如《解深密经·胜义谛相品》，经云："善清净慧：如螺贝上鲜白色性，不易施设与彼螺贝一相、异相。如螺贝上鲜白色性，金上黄色亦复如是。如箜篌声上美妙曲性，不易施设与箜篌声一相、异相。如黑沉上有妙香性，不易施设与彼黑沉一相、异相。如胡椒上辛猛利性，不易施设与彼胡椒一相、异相。又如贪上不寂静相及杂染相，不易施设此与彼贪一相、异相。如于贪上，于瞋、痴上当知亦尔。如是善清净慧！胜义谛相（按胜义谛在此处指真如而言。'相'字作属性、或相状解）不可施设与诸行相一相、异相……"

何故体、用有不即不离之关系耶？唯识家以为，同一宇宙也，以有名相分别之智识（有漏识）观之，则唯睹其迁流变化之幻相，而其实相为幻相所隐覆，此所得者谓之世俗谛，即诸行也。若以超越名相分别之智能（无漏无分别智）洞察之，则能把捉其实体，故称之为胜义谛（胜谓胜智，义解作境。胜智所知之境，名为胜义）。于同一宇宙，由用以观察之智能不同，而所得之境有别。于同一现实的宇宙加以观察，所得之境不离此现实的宇宙，故不离；由所用之智能不同，而所得之境有异，故不即也。

然复应知，真如是胜义谛，而胜义谛却不限于真如。学人试于窥基大师所立之四重二谛加以了解，则省却许多繁词，而义易可知矣。四重二谛者：谓世俗谛与胜义谛各有四重而不相离。世俗谛四重者：（一）世间世俗（世间即世俗，持业释，下三世俗准此），世人所执之实我实法是也。（二）道理世俗，五蕴、十二处、十八界等名相之施设及理论之推寻也。（三）证得世俗，四谛、十二缘起、三性、三无性等圣者依其体验之所得而施设言教以示人者也。（四）胜义世俗，二空所显之真如实体也。胜义谛四重者：（一）世间胜义（世间之胜义，依主释，下三胜义准此），即第二世俗，较世间世俗为胜之境义也。（二）道理胜义，即第三世俗，较道理世俗为胜之境义也。（三）证得胜义，即第四世俗，较证得世俗为胜之境义也。（四）胜义胜义，此乃离言真如，强名之曰一真法界（"一"是绝待之义，"真"是不虚妄义，"法"指宇宙万象，"界"是实体。）世俗、胜义共有八重，束为四重相对：（一）无与有对，初俗是无，实我、实法体性无故；从第二俗之三科等至第四真之一真法界为有，依他、圆成二性之体性是有故。（二）事与理对，于前有体法论之，三科等是事，是理上之事故；从四谛至一真法界是理，是事上之理故。（三）浅与深对，于前理中开之，四谛等理为浅，二空及一真法界为深。（四）诠与旨对，于前深理中开之，二空真如是诠（能诠的名言），寄二无我（即二空）之名言以诠显法性故;一真法界为旨,心、言俱绝,真指法性故。且以青色为喻。若执实有青色,即是初俗;其如幻的青色,是第二俗,第一真;其中空、无常、无我之理,是第三俗,第二真;其理中二无我真如是第四俗,第三真;于真如中,除遣能诠的名言,体会所指之实体,是第四真。自余诸法准此可知。第一世俗,有名无体,是俗中之极劣,无可超过,假名安立,唯俗而非真。第四胜义,体妙离言,不可施设,是真中之最胜,超过一切,唯真而非俗。俗之后三谛,真之前三谛,亦真亦俗。今表其大要如次:

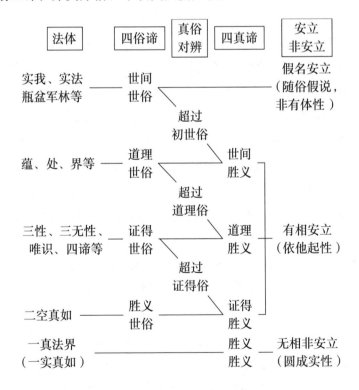

（乙四）证真如之方法

经论中谈证真如之方法甚多，扼要言之，有两方面：一应远离者（应避免的），二应修习者。前者如《瑜伽论》六十二云："……有二种远离，能令速疾通达真如，谓于行处远离愦闹，及于住处离恶寻思。"

其应修习者，如《佛地论》七云："……或说二种，谓生空无我，法空无我。真如实非空无我性；离分别故，绝戏论故。但由修习空无我观，灭障真如我、我所执，而证得故；名空无我。"

佛典中言"修习"者，有时泛指修行一切善法；有时则指修习止观，即于定中将所学得之理，与一切所知之事物相结合，反复观察，至于心安理得而后止；此种情况在意识中经多次显现，达到纯熟地步，名为修习。今言修习，即此种定中之修习。又所谓定中者，通涂系指由初静虑至第四静虑而言，若身心尚未获得轻安，则未可以云入定也。修行人修习人法二空观极纯熟时，所观之理（空无我性）在意识前明白显现，有如五根之直触五境，远离名言（概念）种类等分别，能知之智与所知之境冥然无别，名为"证得"。

（乙五）证真如之胜利

证真如有何好处？诸经论中多有言之。作者于此虽心向往而未能实验，谨类引经论数则于后，以备参考。

证真如后其清净识能现身土。如《识论》十云："谓若证得此真如已，现相、现土俱自在故。"此即是说，证得真如之后，其清净识能自在变现受用身、变化身，受用土及变化土。

（二）三乘果位圣人所有妙法皆因证得真如而后生起，如《集论》一云：

"何故真如名为法界？一切声闻、独觉、诸佛妙法所依相故。"意即声闻、独觉及佛所有妙法皆因证得真如而后生起。

（三）证真如已方证依他起性。如《识论》八云：

"非不证见此圆成实（真如），而能见彼依他起性。未达遍计所执性空，不如实知依他有故。无分别智证真如已，后得智中方能了达依他起性如幻事等。虽无始来，心、心所法已能缘自相、见分等，而我、法执恒俱行故，不如实知众缘所引自心、心所虚妄变现，犹如幻事、阳焰、梦境、镜像、光影、谷响、水月、变化所成，非有似有。依为是义，故有颂言：'非不见真如，而能了诸行皆如幻事等，虽有而非真。'"

至于生空无我、法空无我之理如何渐次悟入，将于"（甲四）解行"段中详述之。

（甲四）解行分二：乙一、量论，乙二、修行方法。

（乙一）量论分五：丙一、序意，丙二、现量，丙三、为自比量，丙四、为他比量。丙五、似比量。

（丙一）序意

诸识对于境界之了解，有正确的与谬误的二种；正确者吾人称之为"量"（有时将求得了解之方法亦称为量），其谬误的了解则名"非量"。讨论获得正确了解之方法，名为"量论"。佛家量论，旧称因明。因明之学"原唯佛说，文广义散，备在众经"（窥基《因明大疏》语）。其在外宗，则有关量论之学说通称"正理"（后时佛家亦用此名）。约在公元第一二世纪时，正理思想在印度顿然开展，构成正理学派。佛家受其影响，小乘说一切有部之法救论师亦著《论议门论》（见吕澂著《佛家逻辑》，以后简称《吕著》），为佛家因明著作之滥觞。此时大乘空宗思想经已流行，龙猛论师对正理学说不唯不加接受，且作《回诤论》及《广破论》以破之（见《吕著》）。盖龙猛教人摆脱一切封执，而正理却着重名相之推求，此于察事辩理固甚有用，若滞于名相而欲把捉形上的实体，则不可能。说者谓龙猛之学，其精妙处在此，其缺点亦在此，非无由也。其后大乘有宗兴起，于俗谛中不排名相。慈氏于其所说《瑜伽论》中将大乘学人所研求之学问分为五种"明处"（学问），其中之"因明处"（简称因明），乃总合佛家自宗及正理学派有关察事辩理之方法组织而成（考《瑜伽论》十五、三十八等及《吕著》）。"因明"之名，亦始于此。世亲继之，著《论轨》《论式》，然后佛家因明，乃有具体而专门之著述。世亲弟子陈那，决择内外宗古师学说以改革因明，早时著《因明正理门论》，创标新旨；晚年复总集自身创见，权衡本宗旧说及他宗异义，而著《集量论》，遂集此学之大成。而量论一名，在佛家中自此流行，陈那门下，治此学者各有偏到，略为两系：其一，渊源于《正理门论》，对论证方面特加发挥，其人则自在军、商羯罗主也。陈那之《正理门论》及商羯罗主所作之《因明入正理论》（以后简称《入论》）经玄奘翻成汉文，中国之治唯识者皆研习之。玄奘弟子窥基作《因明入正理论疏》，于论所未详者多所补充，为国人治因明之圭臬，称为《大疏》。另一系，渊源于《集量论》，对思惟逻辑特加留意，而以法称为巨擘。法称者，相传为陈那再传弟子，而出于护法之门，然以其时考之，有可疑也。法称所著书，可靠者七种（见义净《南海寄归传》），称为"七支"。其中之《正理滴论》，最为精简。因其梵文原本具在，研究者多集中于此。现有藏、俄、德、英、法、日、中七种不同文字之翻译。单就中文而言，已有三种译本。影响之大,可以概见。今时谈量论者应以陈那为宗,决择商羯罗主、窥基、法称诸家之说,旁及西方逻辑,不菲薄古人,不徒骛新说,庶乎得之。世有动辄诋毁唐贤,而专以欧人、日人之论为典据者,陋甚。今谈量论,只以陈那、商羯罗主、法称及唐贤之学说为依据,而略示方隅耳。

(丙二)现量分五:丁一、何谓现量,丁二、现量之种类,丁三、现量所缘之境,丁四、现量之量果,丁五、似理量。

(丁一)何谓现量

量有二种:一曰现量,二曰比量。非量亦有二种:一曰似现量,二曰似比量。今先谈现量。

《瑜伽论》八及十五以三义明现量:一、缘非不现见境界(按即无别物障碍的现在境),二、缘非已思、应思境界(按即非过去、未来境),三、非错乱境界。《杂集论》十六以两义明现量:一、缘非不现前境(按此即合《瑜伽论》之第一、第二两义为一义),二、无迷乱境(同《瑜伽》之第三义)。逮及陈那,著《因明正理门论》及《集量论》,乃综合《瑜伽论》之三义而以"离分别"之纯粹感觉(或纯经验)为现量。何以谓陈那之说是综合《瑜伽》三义尔耶?夫非不现见者必是现在、现前之境,唯缘现在、现前之境始得有离分别之纯粹感觉,而分别之起又必由念力与过去之境发生联想而后起者。既是现在、现前之境,则亦非过去、未来矣。至于非错乱境界一义，今人（不留意《瑜伽》者）以为出于法称之所补充，其实非也。但法称解说较明晰耳。依法称，错乱有四种：第一种为翳眩（此名出《瑜伽》），如眼有翳障，见有空华、或见毛状、轮状等相，夫"空华、毛、轮"实由名言分别而有，若不分别为"华"、为"轮"，固现量也。犹之人见水中月影，如不分别为月，而以纯粹感觉觉其影像，便与以摄影机摄其影像相似，此时宁非现量耶？故曰：此种错乱之起，以有分别也。第二种为速旋（《瑜伽》名形错乱），如于旋转之火焰，见以为轮等；此其错乱，在于有轮之分别；若无分别，则刹那刹那唯有一幅一幅之光像，宁有火轮之想。故曰：此种错乱，由有分别耳。第三种为乘舟（《瑜伽》属业错乱），如乘船而见河岸移动等；此其错乱在于将连续诸刹那中河岸位置之不同作比较分别而谓其动，其实于每一刹那中皆无有动；又以岸为标准固得言船动，若以船为标准则亦得言岸动。故此种错乱，亦由于有分别也。第四种为惑乱（与《瑜伽》略异），由生热病而见种种幻象等，此则由意识分别所起，非由眼见；以幻象实不存在故。今谓陈那之说已极恰当；非错乱境（即《瑜伽》之"无迷乱境"）一义，陈那已舍，今亦不取。

（丁二）现量之种类

现量有四种：一、五识现量（或称色根现量），二、意识现量（或称意根现量），三、自证现量，四、瑜伽现量。

五识现量者：谓若眼等五种色根不坏，色等五境随应现前，如无违缘，无间即有作意心所现起，发动眼等五识与第六意识同时而生。五识中若只一识之缘具备，则一识生，乃至五识之缘具备，则五识皆生。此眼识等缘境之时，远离名言种类等分别，各自亲冥境之自性；且与五识中余识之间不相联系，故是现量。此即以五根为所依器官而起之五种纯粹感觉也。（参考《瑜伽论》一、《入论》及《正理滴论》及《吕著》。）

意识现量者：谓当眼等五识随其所应现行之时，必有意识同时生起。此时意识率尔堕境，未起分别故是现量。以其所缘境之相状与五识所缘者极相似，故又名"五同缘意识"。五同缘意识现量唯一刹那存在，一刹那后便有寻求心起而生名言、种类等种种分别，落入比量或非量矣。至于第二刹那以后（即意识落入比量或非量以后）五识现量还存在否，此则不定。（此段所说与《正理滴论》异，与唐贤所说同。）

自证现量者：即心、心所之自证分。当心、心所缘境之同时，亦自知自己正在缘境。如眼识见色而有悦乐之感受（乐受）时，眼识不唯见色而已，同时亦自知是见。受心所感到悦乐之同时，亦自知是悦乐。有如灯光照物，同时亦能自照。此种自知的作用（对自身的了解），虽从后来的记忆上推想而知（推想须藉名言），但在当时（正在见时或觉悦乐等时）必曾有过。此种自知作用生起时，必无名言等分别，故是现量。是名自证现量。（参见《正理滴论》及《吕著》。）

瑜伽现量者：此亦名定心现量。"瑜伽"乃观行或止观之别名。修观行者平时以比量智认识真实道理（如经论中所说无常、无我等道理），进而学习瑜伽（止观）。先须调身，调息，调心。渐得身心轻安。如是者名为修"止"。轻安之生起，由微而著，及其至也，全身无复粗重之觉；心则明明了了，堪任观察事理。如是者名为修止成就，亦名入于正定（静虑）。即此修止成就为基础，进而修"观"。修观时，通常将从前由比量智所认识之道理（如无常、无我等）与所见、所闻、所觉、所知之事物相结合（如色、声、香、味、触等五境一一皆是无常，凡所说者皆是声、名、句、文，一切名言皆假施设，一切受皆不离苦等等）于定中在意识上反复显现。如是者名为修"观"。止与观递次修习，不断胜进（观智愈修而愈明了）至极纯熟之阶段，定心澄澈（止），觉慧明了（观），止观双运，便有现量智生，畴昔所观之道理，与事物相结合的情境，在意识上明白显现，与五识现量无异。所以名现量者，以此时之智唯缘现在、现前之境，不藉名言，远离分别，直契境之自相故也。此现量智已生起之情形，吾人名之曰实证。（参考《解深密经·分别瑜伽品》《入论》《正理滴论》及《吕著》。）

（丁三）现量所缘之境

诸识所缘境界之相状有二种：一者，自相，二者，共相。自相者，境界本身之相状，离名言而存在，有能令人生识（或生起表象）之作用，举例言之，如眼耳二根与色声二境相对时，必有远近之距离，随距离之远近而眼、耳二识中所现之影像便有大小、明昧之差异。此种差异的影像，全由境界自身所决定，非由吾人之识所决定，名为自相。若异此者，吾人用有分别之意识，不论其距离之远近，抽取所缘色、声二境之共通性，而自构成色、声之影像；此则唯名言，与境界本身为二事，名为共相。现量唯以自相为所缘之境。（见《集量论》及《正理滴论》等。）其共相者，则为比量及非量之所缘。

（丁四）现量之量果

"量"之作用犹如以尺量布，离布则不可说为量布。故"量"之作用，必带境（或说带境界之影像）而起，盖离所量之境（或说离所缘境界之影像），则量之动作无所施也。故所带之境（相分）实是构成现量智之一部分。既有境，若于此境如实而量知之（见分）；此"量知"即现量智之作用，量知而能"如实"，便是现智之效果或结果（自证分）；故即此现量智便是现量之果也。亦可说言，现量智由三部分构成，一是境（相分），二是量之作用（见分），三是量果（自证分）；此三者之划分只是名言上之假说，事实上，三者是同一刹那现起而不可分离之一物。（参考《集量论》《入论》《正理滴论》及《吕著》。）

（丁五）似现量

若虽以自相为境，而有分别，则不成现量，名似现量。然似现量不能视为比量，由似现量仍以自相为境，而比量则以共相为境故。

（丙三）为自比量分六：丁一、何谓比量，丁二、比量之种类，丁三、比量之结构，丁四、比量所成立之宗，丁五、比量所凭借之因，丁六、显示比量运作时归纳过程之喻。

（丁一）何谓比量（比量之体性）

现量是由直接经验得来之正知；比量则不然，乃依据已知经验比知（推度）未知事物之正知，属于间接的知识。既曰间接，必有媒介；此所凭借之媒介，名之曰因（理由）。由有此因，即可由已知事物通于未知之事物。如是之因必须具备三种表征，名曰"三相"。故又可说：比量者，由具备三相之因，于所比度之事物所生之正智。至于比量之果，亦如现量智然，此比量智之本身即是其量果也。（参考《理门》《入论》及《滴论》。）

（丁二）比量之种类

比量有二种：一、以自悟为目的者，名"为自比量"。二、以悟他为目的者，名"为他比量"。两类比量之本质，皆是第六意识上名言（概念，有分别意识之相分）之排列；此种排列作用，谓之"思惟"。如意识上作此思惟："人是生物；以是动物故；若是动物，必是生物，如猴子等；若非生物，必非动物，如金属等。"此一节思惟，只是"人""是""生物"等几个名言之排列而已。故为自比量是意识之思惟，为他比量则是发表思惟之语言也。（人思惟时声带亦常有振动，但以振动甚微，不为他人所觉，故不能谓之语言耳。）

今明为自比量，六事述其要义；义有未尽，则于为他比量中述之。

（丁三）比量之结构

当吾人进行比度之时，其途径有二：（一）先假设一个结论，然后用归纳法以证成之，（二）依已知之原理，以比知个别之事物。不论由第一种或第二种途径，其比量之构成，最低限度必须具足宗、因、喻三支。如依第一种途径得比量云：

人是有死之物，（宗）

是生物故。（因）

（喻）同喻：若是生物，见皆是有死之物，如牛等。

异喻：若是无死之物，必不是生物，如金属等。

又如依第二种途径得比量云：

同喻：若是生物，见皆是有死之物，如牛等。

异喻：若是无死之物，必不是生物，如金属等。

今人是生物，（因）

故人是有死之物。（宗）

以上两个比量，皆由三部分构成，即宗、因、喻三支。所谓"宗"，是所尊崇，所要成立之主张（参考窥基《因明大疏》）。"因"是支持此主张之理由。所谓"喻"，乃就吾人知识范围内所求得之证据,足以证明"因"之无误者。喻有二种：一、同法喻（简称同喻），即用义类相同之事物，以为例证；二、异法喻（简称异喻），即用义类不同之事物以为例证。有关宗、因、喻三支之细节，于下文依次述之。

（丁四）比量所成立之宗分二：戊一、宗依与宗体，戊二、前陈后陈之关系。

（戊一）宗依与宗体（别宗与总宗）

宗支由前、后两端及缀合此两端之连系辞构成。有一端是指称所比事物之言辞,其另一端则是对于所比事物有所陈述之言辞。如说"人是会死之物","人"是指称事物之言辞;"会死之物"是对于"人"有所述说之言辞。指所比事物之一端,吾人称之曰前陈;另一端,吾人称之曰后陈。连系前、后两端之"是"或"非"等连系辞在无伤宗支之意义时,可以省略。从"由此两端而表现为一个叙述句"之观点观之,则前陈即是主语（Subject）,后陈即是谓语（叙述语,Predicate）。前陈、后陈是构成宗支之材料;当其各各分离,不相连合时,各被称为"宗依",又名"别宗"。当吾人用连系辞将前、后陈加以连缀后,则成为整体的宗,名为"宗体",又名"总宗"。普通所谓"宗"（宗支）,乃指宗体而言。吾人所欲证成者乃宗体而非宗依。

宗依与宗体之异点,宗依与宗体不同之处有二：（一）相离、不相离之异。宗依乃前陈、后陈互相分离时之称谓,如以图表示之,可写成：

宗体则是前陈、后陈两相结合后（两个集之间的关系）之称谓，如以图表示之，可有两种情形：

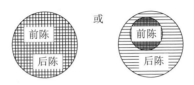

（二）极成、未极成之异。"极成"者，至极成就也。在为自比量中作"已许成就"解。在为他比量中则作"立敌共许"解。吾人比度之目的，在知宗体之真伪，而不在宗依。如设立"人是会死之物"为宗时，所欲知者不在"人"及"会死之物"之有无，而是"人是会死之物"之是否正确。宗依必须为已极成存在之物。如"人"及"会死之物"非已极成（已许其存在）之物，则无从建立宗体。而宗体又必须为未知之事。若宗体而是已知之事，则亦何劳再加比度耶！

（戊二）前陈后陈之关系

如欲证成"人是会死之物"宗时，"人"与"会死之物"之关系凡有五重。今先列表于下再加以说明：

$$
前陈（主语）—\begin{cases} 体 - 义 \\ 自相 - 共相 \\ 自性 - 差别 \\ 有法 - 法 \\ 所别 - 能别 \end{cases}— 后陈（谓语）
$$

第一重关系，前陈是体，后陈是义。体指事物之自身，义指此事物所属之义类（或所有之属性）。第二重关系，前陈是自相，后陈是共相。前陈所指述者是特殊的事物，后陈所指述者为一普遍义理或共通性。即就特殊与普遍之意义上，说为自相、共相。如在"人是会死之物"宗中，"会死之物"不惟是人，狮子、虎、豹等一切动物无不遍有；故前者名自相，后者名共相。第三重关系，前陈为自性，后陈为差别。"性"是"体"义，自性即自体。差别则是自体所属之种类差别。如说"人是会死之物"，此"会死之物"之名言（概念）即表示人所属之种类，说明人是会死之物，有别于不会死之物。故自性差别二名，乃用以显示前后陈间之归类作用者也。第四重关系，前陈为有法，后陈为法。此处"法"字指属性言。"有法"是具有此属性之事物。如在"人是会死之物"宗中，"人"有"会死之物"之属性。第五重关系，前陈是所差别，简称所别；后陈是能差别，简称能别。"差别"一词，在此作动词用，是修饰或限制之意。

（丁五）比量所凭借之因分四：戊一、同品与异品，戊二、九句因，戊三、因有三相，戊四、因之种类。

（戊一）同品与异品

比量是从已知之事，比度出未知之事，比度之方法须凭理由；此理由名"因"。

判别因之正、不正，在古代量论（因明）中有九句因，陈那重详因明，将九句因加以简化而成为"同品定有性"及"异品遍无性"，再增一"遍是宗法性"，是为因之三相。今先述九句因。

在说明九句因之前，应先将同品、异品两名略为解释。同品、异品各分为二：同品分为宗同品及因同品，异品亦分为宗异品及因异品。兹分别解释如下。

（一）宗同品。义类均等名"同"。"品"谓品类，将义类均等的事物摄为一聚，名"品"。即今时集合论（Set theory）之"集

（Set）"也。除有法外，凡与宗中能别义类相同之事物集为一品，名曰宗同品。如立宗云："人是会死之物"，则除人类外，举世上之事物，就其"会死"之一点上是义类相同者，如蛇、鼠、鱼、虾等等，集为一聚，名宗同品。（学人须注意：同品是一聚义类相同之物，而非指其义类。如说"声是无常"宗，其宗同品是具有"无常"义类之事物，而非"无常"一义类。关于宗同品，有一事须当注意，即"剔除有法"是也。所谓剔除有法者，谓不许将有法算入宗同品内。如立"人是会死之物"宗，宗同品中必须将"人"剔除。其所以如此者，理由有三：1. 比量之法，目的在以因喻证成宗体，如已知宗同品"会死之物"中已包含"人"在内，则何须以比量证成，是为徒劳无功失。2. 宗同品本用以充归纳之资料，依此资料以寻求一普遍原理，以证明宗体之正确。今若以会死之"人"为宗同品，作归纳资料，复用此资料上所求得之普遍原理，转以证成宗体"人是会死之物"，是为循环论证失。故宗同品中须将有法剔除。3. 若在为他比量，宗体必须违他顺自。如立"声是无常之物"宗，就立论者言，声是宗同品，就敌论者言，声是宗异品。立者征集宗同品时，若将声归诸宗同品则敌者必不同意，且亦违反违他顺自之原则，故宗同品必须剔除有法，依同理宗异品亦须将有法剔除。）

（二）因同品。将凡与因义类均等之事物概括之为一聚（一个集），名曰因同品。如立"人是会死之物"宗，以"是动物故"为因，以"若是动物，见皆会死；如狮、虎等"为同喻，"若不会死者皆非动物，如虚空等"为异喻，则凡属动物之类皆为因同品。因同品常简称为"因"。

（三）宗异品。凡宗同品以外之事物，概称之为宗异品。宗异品亦须剔除有法。如"人是会死之物"宗，则凡非会死之物皆为宗异品。又宗异品与宗同品相应，并应剔除有法。

（四）因异品。凡不属因同品义类之事物，皆为因异品。

（戊二）九句因

九句因者，网罗因同品（以后简称为"因"）对宗同品、宗异品之关系，而将之分为九个范畴，并指出比量所用之因合于某个范畴者为正因，余则为似因（不正因，邪因）也。"句"即范畴。

先就因与宗同品之关系，括为三句，即（一）全部宗同品皆是因同品，此句名"同品有"；（二）全部宗同品中皆非因同品，此句名"同品非有"；（三）宗同品中一部分是因同品，另一部分非因同品，名"同品有非有"。次就因与宗异品之关系，亦有三种（一）"异品有"，（二）"异品非有"，（三）"异品有非有"。此两个三句互相配合，三三相乘，共有九句。现将九句因之名称及正似列举如下，然后依次加以解释。

第一句，同品有异品有（宗同品宗异品全是因同品）…………不定

第二句，同品有异品非有（宗同品全是因同品，宗异品中全无因同品）…………正因

第三句，同品有异品有非有（宗同品全是因同品，宗异品中有一部分是因同品）…………不定

第四句，同品非有异品有（宗同品全非因同品，宗异品全是因同品）…………相违

第五句，同品非有异品非有（宗同品、宗异品皆无因同品）…………不定

第六句，同品非有异品有非有（宗同品中全无因同品，宗异

品中有一部分是因同品）……相违

第七句，同品有非有异品有（宗同品中一部分是因同品，宗异品全是因同品）……不定

第八句，同品有非有异品非有（宗同品中有一部分是因同品，宗异品中全无因同品）……正因

第九句，同品有非有异品有非有（宗同品、宗异品俱有一部分是因同品）……不定

上述九句因中，仅第二句及第八句是正因，其余七句或有不定过（不能决定所立宗支之是否正确），或有相违过（不仅不能成立宗支，反能成立相反的宗义），皆属似因。

今将九句因各以图例解释于下。

第一句，同品有异品有。如云：人是有死之物（宗），存在物故（因）。犬、马、牛、羊等有死之物为宗同品，又皆是存在之物，故同品有。金、银、铜、铁等非有死之物为宗异品，只是存在之物，故异品亦有。以图表之如下：

宗同品
（会死之物）
因（存在物）
（非会死之物）
宗异品

图中以圆表示因。宗同品（犬马等）、宗异品（金银等）中皆有此因。"人"为如犬、马等是存在物故而是有死之物耶？为如金、银等是存在物故而非有死之物耶？故此因是似因，有不定过。

第二句，同品有异品非有。如云：人是有死之物（宗），是生

物故（因）。犬、马、羊等本为宗同品，又皆是生物，故同品有。金、银、铜、铁等为宗异品，同时亦皆非生物。在吾人知识之范围内，曾未见有"非有死之物"而是生物者；故异品非有。故"动物"之因能决定证成"人是会死之物"，故是正因。如下图：

第三句，同品有异品有非有。如云：人是动物（宗），是生物故（因）。犬、马、牛、羊等动物是宗同品，同时亦是生物，即是因同品；故同品有。草木铜铁等非动物是异品；然草木等是生物，即因同品；铜铁等非生物，是因异品；故异品中一部分有因同品，一部分无因同品；故异品有非有。因同品生物中既有宗异品非动物存在，此因不能证成人之必是动物，故是似因，有不定过。如下图：

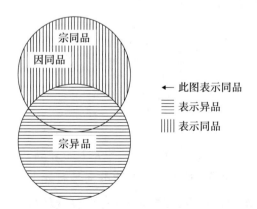

第四句，同品非有异品有。如云：人是不死之物（宗），是生物故（因）。金、银、铜、铁等不死之物是宗同品，然皆非生物；故

同品非有。牛、羊、草、木等非不死之物是宗异品，然皆是生物；故异品有。此因与宗同品、宗异品间之关系，适与第二句"同品有异品非有"相反，适足以证成"人是会死之物"；故是似因，反能证成相违之宗。如下图：

第五句，同品非有异品非有。如云：人是生物（宗），是理性动物故（因）。牛、羊、草、木等宗同品中无一物是有理性之动物，故同品非有。金、银、铜、铁等宗异品中更无一是有理性之动物，故异品亦非有。此因与宗同品、宗异品皆无关系，如何能证人之为生物或非生物，故是似因，有不定过。因明是求知之法，重视经验，要从经验中，用归纳法合同去异以求知，故运作时须剔除有法，自与西方演绎逻辑不尽相同。今人往往批评因明剔除有法为逊于西方逻辑之处，此则智者见智，吾则宁取陈那矣。如下图：

若依西方演绎逻辑，不剔除有法，则此因为正因。然早已许人是理性动物，而后者又是生物，何须立量以求新知！别如下图：

第六句，同品非有异品有非有。如云：人是不会死之物（宗），是动物故（因）。金、银、铜、铁等不会死之物是宗同品，而宗同品中全无动物；故同品非有。牛、羊、草、木等非不会死之物是宗异品，宗异品中牛羊等是动物，草、木等非动物；故异品有非有。此因不唯不足以证成人之不会死，反足以证成人之必会死，故是似因，有相违过。如下图：

第七句，同品有非有异品有。如云：人非动物（宗），是生物故（因）。金、银、草、木等是宗同品；宗同品中草、木等是生物，金银等非生物；故同品有非有。牛、羊等动物是宗异品，宗异品中全是生物；故异品有。因同品生物之中既有动物及非动物，故此因不足以证成人之非动物，而是似因，有不定过。如下图：

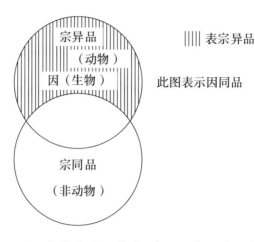

第八句，同品有非有异品非有。如云：人是有死之物（宗），是动物故（因）。牛、羊、草、木等有死之物是宗同品；宗同品中之牛、羊等是动物，草、木等则非动物；故宗同品中一部分有此因，另一部分无此因；故同品有非有。金银铜铁等非有死之物是宗异品；宗异品中全无此因，故异品非有。此"动物"因能决定证人之有死，故是正因。如下图：

第九句，同品有非有异品有非有。如云：人是黄色之物（宗），是动物故（因）。宗同品中之黄牛、黄马等黄色之物有此因，黄花、黄金等黄色之物无此因；故同品有非有。宗异品中白兔、黑狗等有此因，红花、绿玉等无此因；故异品有非有。"动物"之因既有黄与非黄，人虽是动物，如何能决定其色是黄；故是似因，有不定过。如下图：

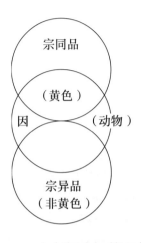

当吾人从事思辩之时，举因以成宗，将各种可能之因，就其与宗同品、宗异品之关系，括为九句，而检察其孰正孰似，此乃古代量论中之比量方法也。

九句因中唯第二句及第八句为正因，有力证成宗支；余七句或无决定证成之力，或反得相违之果，故名似因。

（戊三）因有三相分三：己一、同品定有，己二、异品遍无，己三、遍是宗法。

（己一）同品定有

九句因中，第二句及第八句皆为正因。吾人先就其因与宗同品之关系观察。第二句"同品有"，即宗同品全部是因同品，只须宗异品全无因同品，则凡属因同品之事物皆是宗同品也。第八句"同品有非有"，即宗同品中有一部分是因同品，亦只须宗异品中全无因同品，则凡属因同品之事物皆是宗同品也。故知一个正因，其因同品必须同时是宗同品；易语言之，即是宗同品定须有一部分是因同品（留意"定"字）。此之谓"同品定有"。一个正因必具有此一相（征）。相者表征，即从形式上及性质上所表现的特征。此相显示因与宗同品有相合之关系。

（己二）异品遍无

一个正因不唯与宗同品有相合的关系，同时与宗异品亦必完全相离，即全部宗异品中无一个是因同品者。此之谓"异品遍无"。一个正因除"同品定有"之外，切须同时又具异品遍无之相。试观九句因中具有"同品定有"相者有第一、第二、第三、第七、第八、第九句，共六句，皆具同品定有之相，然而唯第二、第八两句得为正因者，则以第二、第八两句之因与宗异品完全相离，即宗异品中全无因同品，亦即具有"异品遍无"之相也。其余四句之所以不得为正因者，皆因其宗异品中具有因同品也。

（己三）遍是宗法（有法必须全是因同品）

"同品定有"与"异品遍无"二相已将因与宗同品、宗异品相合相离之关系明确显示。唯此因与宗中有法之关系如何，则古人似未有所论定。因喻所以成宗，而宗之主体则为有法；故比量之所比者是有法，宗支只是对有法有所述说之句子而已。故若其因与有法全无关系，即使同品定有异品遍无，亦不能成为正因。如说"中国人是亚洲人（宗），印度人故（因）"。此因，同品有非有，异品非有；"同品定有""异品遍无"二相虽已具备；然中国人非印度人，故此因不能证成中国人之为亚洲人。以此之故，陈那又在同品定有、异品遍无二相之外，复增补"遍是宗法"一相。此中"宗法"二字，意即"宗中有法所属之义类"。如言"人是有死之物（宗），是动物故（因）"。动物是"人"所属之义类，即人必须是动物，亦即是"有法必须遍是因同品"方可。以图表之如下：

上文谈论因之三相，由九句因说起，故先谈同品定有、异品遍无，然后及于遍是宗法。但以（一）比量所比之事物是有法，（二）有法全包在因同品中，（三）因是有法所属之义类；故三相中遍是宗法一相与有法关系最为密切，若无此相则余二相无从谈起，以是之故，三相之排列，第一是遍是宗法，第二是同品定有，第三是异品遍无。

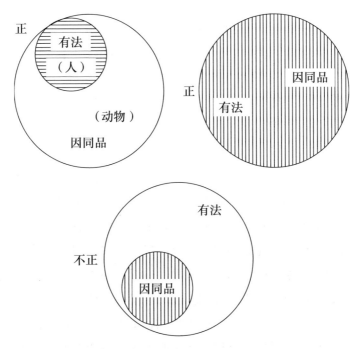

（戊四）因之种类

《因明大疏》将因分为生因、了因二种。立论者作为他比量时，陈述理由证成所立之宗，使他人明了，此理由有生起他人正智之功用，名为生因。他人因此而了悟正理，此了悟名为了因。此种分类，唯适用于为他比量；在为自比量中无生了相对之事，在为他比量中亦无大效用，今不取。

《正理滴论》谓具足三相之因唯有三种：一、不可得因，二、自性因，三、果性因。其余诸因，皆是似因，以不具三相故。此种分类，通于为自为他二种比量；今取之。

不可得因者：如有比量云："此人身上无黄金（宗），于一公尺内以测金仪器测之而无反应故（因）"。若人身上有黄金，则在一公尺内测之仪器上必有反应。今无反应，则可断其非有金矣。又如比量云："此处无瓶（宗），在可现见之距离与光度中而无瓶相可得故"。

自性因者：当因同品之本身是宗同品之一部分时，其因名自性因。如立宗云："此物是树"，因云："是杨柳故"。其因同品"杨柳"之自性，包含在宗同品"树"之中，故名自性因。又如立宗云："识非实有"，因云："境与识随一所摄故"，及昔奘师在印度辩论大会中所立之真唯识量等亦是自性因。（关于真唯识量，吕澂先生所著《因明入正理论讲解》之附录中有详尽之解说。）此种因在形式上绝对正确，但当据以归纳、论证之资料有新的发现时往往须加修正或放弃。

果性因者：若因同品之出现全由宗同品之出现所引起者，则其因为果性因。如立宗云："此山有火"，因云："以有烟故"。烟是有火之结果。此乃由果以推知其原因也。又如立宗云："某甲未尽为子之道"，因云："其老父衣食无著故"等，皆是果性因也。

宗之性质有表诠、遮诠二种。若所立之宗是表示有法与法相合者（即肯定句子），名为表诠宗；若所立之宗是表示有法与法相离者（即否定句子），则名为遮诠宗。不可得因唯用于遮诠宗，自性因及果性因则唯用于表诠宗也。

当吾人运用不可得因以建立遮诠宗时，对于所遮之法必须曾有经验，从经验中察知有如是之条件则必有所遮之法出现，今条件已具而不见有所遮之法出现，然后可以遮之，说其非有。由于时间、空间不同或情势转变，对于该种条件之是否具备无从确定者，不可得因之运用徒劳无功。

不可得因，依其运用方式之不同，可区别为十一种：

第一式，自性不可得因。"不可得"谓认识不到。反之，"可得"谓可认识到，此为不可得因之总相。如云：此处无烟（宗），烟可认识之条件皆已具足而烟不可得故。

第二式，与果性因相联系，而有果不可得因，如云："此处无火（宗），以无烟故（因）"。有火必有烟，烟是火之果。

第三式，与自性因相联系，而有能遍不可得因。如云："此处无杨柳（宗），以无树故（因）"。树为上位概念，范围广，包含杨柳之全部，是能遍；杨柳是下位概念，范围狭，遍为树所包含，是所遍。今能遍之树既无，则所遍之杨柳亦无矣。

第四式，与自性因相违反而有自性相违可得因。如云："此室中无冷触（宗），以有高度之暖气故（因）"；高度之暖气与冷触之自性相违。

第五式，与果性相联系，而有相违果可得因。如云：此山谷中天气无寒冷（宗），以桃花早开故（因）。桃花早开乃寒冷自性相违法天气温暖之果，桃花早开必由于天气温暖故。

第六式，与果性因相联系，又有"果相违可得因"。如云：此室中无有引致冷触之因存在（宗），以有适度之暖气故（因）。此中"暖气"与"引冷触之因"之果（冷触）相违。

第七式，与自性因相联系，又有"能遍相违可得因"。如云："此室中无冰觉（宗），以有适度之暖气故（因）"。"冰觉"是冷触中之一种，而冷触则有多种；故冷触是能遍而冰觉是所遍。今"有暖气"因与冷触相违，有暖气则无冷触，能遍之冷触既无，则所遍之冰觉亦无矣。

第八式，将果性因之因果关系倒转，不由果比因，而由因比果，则成为"因性不可得因"。如云："此处无烟（宗），以无火故

（因）"。火是烟之因；今既无火可得，则亦必无烟矣。

第九式，因相违法可得因。如云："此人无颤栗（宗），以近烈火故（因）"。颤栗之因是冷觉；今与烈火相邻，则无冷觉，烈火与颤栗之因"冷觉"相违。

第十式，因相违果可得因。如云："此人无冷觉所生之颤栗（宗），以有烟故（因）"。冷觉为颤栗之因，火与冷觉相违（有火即无颤栗），烟是火之果（因相违法之果）。

以上十式不可得因取自法称之《正理滴论》。《滴论》举十一种不可得因，其第六式原文述义暧昧（参考霍韬晦《佛家逻辑研究》注二六据梶山雄一说），今不取。

（丁六）显示比量运作时归纳过程之喻分三：戊一、喻之意义，戊二、同法喻与异法喻，戊三、喻体与喻依。

（戊一）喻之意义

三支比量中之第三支为喻（通涂如此。其实置于第一、第二皆无不可）。量论中所谓"喻"，并不等于普通所谓譬喻。普通所谓譬喻，只举出一个相类似之事物以比拟别一个事物，使人易于了解而已。此种譬喻并无证成宗支之力。如说"光阴如白驹过隙"，即不能以"白驹过隙"以证明光阴之易逝。同理，说"人生如朝露"，亦不能用朝露以证明人生之短暂。量论中之喻，乃征引实例以显示归纳之过程。"喻"之梵文原字为 Dṛṣṭānta，义译为"见边"，意即所知之范围，或经验之极限。在所知之范围或经验之极限中，无论何种情况下皆是如此而无例外之事件或关系，名为见边（以后称之为喻）。将此见边在意识中或语言上构成句子，乃成喻支。当吾人从事推比时所依之见边如属无误，自可据此以证成宗义。

（戊二）同法喻与异法喻

佛家量论，先运用因三相中"同品定有""异品遍无"二相从事归纳推理，然后将所得的原理之正反两方面以言陈显示，并举实例加以证明，名喻。原理有两方面，故喻亦有二种，一者，同喻（或称同法喻），二者，异喻（或称异法喻）。同喻显示因同品与宗同品有不相离的关系，即凡是因同品必同时是宗同品。异喻显示宗异品与因同品必定相离，即凡是宗异品必同时非因同品。如比量云：

声是无常，（宗）

所作性故。（因）

若是所作，见皆是无常，如瓶等。（同喻）

若非无常，见皆非所作，如虚空等。（异喻）

上例中，因同品"所作性"之事物决定是宗同品"无常"之事物；所举以为证之事物瓶等，一方面是因同品，一方面又是宗同品。宗异品"非无常"之事物决定非因同品"所作性"之事物；所举以为证之事物虚空等，一方面非宗同品，一方面又非因同品也。

（戊三）喻体与喻依

不论同喻或异喻，皆各包涵两部分：（一）喻体，（二）喻依。喻体显示从所知范围中归纳出之普遍原理，喻依是归纳所依据之事物。就同喻方面言，前节所举之例中，"若是所作，见皆是无常"是同喻体；显示宗同品中决定有因同品，即同品定有之原理。"瓶等"是同喻依，即建立此原理所依据之事物。就异喻方面，前节所举例中"若非无常，见皆非所作"是异喻体；显示宗异品中全无因同品，即异品遍无之原理。"虚空等"是异喻依，即此异喻体建立所依据之事物。同、异喻依所包涵之事物不能一一枚举，各以

"等"字概之。

佛家教人，从事比度时，应先具有所持之理由即"因"是，然后依据已知之事物，从正、反两方面加以观察；就正面言，若宗同品中定有因同品（或凡因同品必是宗同品）；就反面言，若宗异品中全无因同品，则其所知为正确。而显示此正反两方面之情况者，则为同喻体及异喻体。同异喻体有其普遍法式。同喻体之普遍法式曰"一切因同品必是宗同品"，异喻体之普遍法式则曰"一切宗异品必非因同品"。此普遍法式包涵两条规律：（一）同喻体必须为表诠句，异喻体必须为遮诠句。（二）同喻体之结构必须先因后宗，即因同品居前，宗同品居后；异喻之结构，必须先宗后因，即宗异品居前，因异品居后。

同异喻依亦各有一条规律，即（一）同喻依必须是宗同品兼因同品。如说"人是生物（宗），是动物故（因）"，其同喻云："若是动物，见皆是生物，如狮子等。"此中同喻依"狮子"，即是生物（宗同品），亦是动物（因同品）。若改以花草为同喻体，则花草虽是生物，与人之是否生物，究无关系；不足以证明人之为生物也。又如说"人是动物（宗），是生物故（因）"，同喻云："若是生物，见皆动物，如花草等。"此中同喻依"花草"，虽是生物（因同品），然非动物，喻非其类，何足以证明人之是否动物？故同喻依必须同时是宗同品兼因同品。（二）异喻依必须是宗异品兼因异品（或非因同品）。如说"人是生物（宗），是动物故（因）"，其异喻云："若非生物，见皆非动物，如铜铁等。"此中异喻依"铜铁等"。一方面必须非生物，另方面必须非动物，其理思之可知。

（丙四）为他比量分四：丁一、为他比量之两种作用，丁二、论辩之形势，丁三、所用言辞之性质与分量，丁四、宗之决择。

（丁一）为他比量之两种作用——能立、能破

为他比量之目的在于晓悟他人，晓悟他时不外将自比量以无过失之言词宣示之而已。为他比量有二种：一为树立正义，一为破斥谬说。前者名为能立，后者名为能破（能破有二类：一为立量以破他，一为指摘他人所立比量之过失而不自立量。前者属为他比量；后者既不立量，非此所论）。若能立、能破而有过失，则分别名似能立及似能破。

（丁二）论辩之形势（自比量、他比量、共比量）

施用为他比量时，或为立敌相形之势，或为自固吾圉，或为进攻他人，或则依据双方共许之事以立论；于是在形势上分为自比量、他比量、共比量三种。

一、自比量（自守的论法）——若立量者以唯为立者所许而对方所不许之事项以组成论式，只求自守，不能用以攻他者，名为自比量。凡自比量须加适当之简别语。如云：

宗：我所说之甲是乙。

因：许是丙故。

喻：许如子、丑等。

量中，宗上之"我所说"，因喻上之"许"，名简别语。宗中若不加简别语，在宗便有所别不极成过，在因便有随一不成过，在喻便有俱不成过。

二、他比量（进攻的论法）——若立量者以一种与己方无关而为对方所许之事项，立量以指斥对方时，其论式名他比量。他比量亦须加适当之简别语。如云：

宗：汝所说之甲是乙。

因：许是丙故。

喻：许如子、丑等。

量中如不加简别语，在宗便有所别不极成过，在因有随一不成过，在喻有俱不成过。

三、共比量（对诤的论法）——若用立敌共许的事项以组成论式，以论辩是非者，名为共比量。无须加简别语。如云：

宗：佛之肉体是无常之物。

因：是父母所生故。

喻：如孔子等之肉体。

上述三种比量中，自比量只可自固吾围，悟他之用极弱，如有鬼论者对无鬼论者立量云："我所许之鬼是有形体之物，自许可见故，如一切器皿。"形式上虽无过失，但必不为敌者之所信受。他比量以他人之矛攻他人之盾，唯足以破他而不能立义，但立有悟他之用。如有鬼论者许鬼是有形而无影之物，今破之云：汝所执之鬼应有影，汝许有形故，如人等。唯共比量能破他邪智，树立正理，最为殊胜。又自比量虽可以自卫于一时，随又须另申正理以别立量或防他进迫也，故不得已时始可用之。

自、他、共三种比量之分别，可从两方面言之：（一）在实质上，有法、能别、因、喻皆极成者，为共比量；其全部或一部分为自许或他许而非共许者，则是自比量或他比量。（二）在形式上，有"自许"简别语者为自比量，有"汝执"等简别语者为他比量。

（丁三）所用言词之形式与分量分三：戊一、表诠与遮诠，戊二、全分与一分，戊三、形式与分量之配合。

（戊一）表诠与遮诠

为他比量之宗支含有前后两端，即"有法"与"能别"。宗支之形式，有表示前后两端相合者，亦有表示前后两端相离者。前者名为表诠（肯定）宗，后者名遮诠（否定）宗。表诠与遮诠之形式不只宗支有之，因、喻亦有；今则着重宗支，因、喻二支之表诠或遮诠，须配合宗支而运用之（若因及喻不犯后述诸过，则其运用自然适当，如今不须详论）。因此，在一比量中，宗支是表诠者，则其比量为表诠式，如：

宗：声是无常，

因：所作性故。

喻：若是所作，见皆无常，如瓶等。

如宗支是遮诠者，则其比量为遮诠式，如：

宗：草木非有情识之物，

因：非动物故。

喻：若非动物，见非有情识之物，如瓦石等。

克实论之，表诠遮诠只是宗支言语形式上之区分；其作用在于"若是遮诠宗，则比度时可用不可得因以证成所立宗义"。而表诠宗则否。除此之外，在为自比量，只须有三相具足之因，便可成宗，在为他比量，则有法、能别及因之三相是否极成，又有世间相违等过又须留意耳。

（戊二）全分与一分

在言语之分量上，有表示后端遍于前端之全部者，亦有表示后端只通于前端之一部分者。所立之宗如属于前一类，则称为"全分宗"，"凡 S 是 P"形式之宗是；如属于后一类，则称为"一分宗"，如"有 S 是 P"形式之宗是。全分、一分虽不限于宗支，然通常是就宗支而说。

若宗是全分宗，其因、喻必须与宗前端之全分有关；若宗是一分宗，其因、喻亦必须与宗前端之一分有关。

（戊三）形式与分量之配合

将表诠、遮诠与全分、一分相配合，则宗之状貌共有四种：

（1）表诠全分宗（可以"凡 S 是 P"表示之）。

（2）表诠一分宗（可以"有 S 是 P"表示之）。

（3）遮诠全分宗（可以"凡 S 非 P"表示之）。

（4）遮诠一分宗（可以"有 S 非 P"表示之）。

（丁四）宗之决择分二：戊一、合理即立，戊二、宗之特性。

（戊一）合理即立

在为他比量中，宗体有四种：（1）遍所许宗，即人皆认许，无诤论余地之宗；如说"声是所闻"等是。明智之人必无立此种宗之理。（2）先业禀宗，即是将本宗先代所传宗义对同宗派人所立之宗；如耶教徒对耶教徒立"世界是神所创造"等，彼此间无可争论之处。（3）傍凭义宗（亦称傍准义宗），此是立者不将所欲立之宗义说出，只用别事暗示其可以同时成立；如说"声无常"，而意在显示"声是无我"等。此一类宗，不循言语之正轨明白说出，只用别事而作暗示，亦非言语之正轨。（4）不顾论宗，但随立者认为合理便即提出，不顾虑其他因素，此即以理为宗。为他比量于上述四种宗中，惟应取第四种；以前三种皆无辩论之价值故。

（戊二）宗之特性

在为他比量中，所有宗体皆具有一特性，即是"违他顺自"。前节所举四种宗中，第一、第二两种因缺此特性而遭淘汰，其第三种则因违反言语正轨而见弃。唯不顾论宗而具此特性者方得用为宗也。

（丙五）似比量分三：丁一、宗过，丁二、因过，丁三、喻过。

（丁一）宗过分十：戊一、宗过之种数，戊二、现量相违，戊三、比量相违，戊四、自教相违，戊五、世间相违，戊六、自语相违，戊七、能别不极成，戊八、有法不极成，戊九、俱不极成，戊十、相符极成。

（戊一）宗过之种数

宗过有九种：（一）现量相违，（二）比量相违，（三）自教相违，（四）世间相违，（五）自语相违，（六）能别不极成，（七）所别不极成，（八）俱不极成，以上名三不极成，（九）相符极成。前五种名"五相违"，是陈那所立，出于《理门论》，次三种名"三不极成"，并相符极成共四种，是天主所增补，见于《入论》。又九种过中，六、七、八，是宗依过，余是宗体过。

（戊二）现量相违

所立之宗与现量所知之事实相违反，如说"声非所闻"，或说"蛇有脚"等是。然此中所谓现量，乃立敌共许之现量。如不共许者，则不属此范畴也。现量相违有全分相违与一分相违之分。上所举两宗是全分相违。如说"蛇与鼠皆是有脚之物"或"色与声皆非所闻"，则是一分相违。

（戊三）比量相违

比量藉因以成宗，故宗与因必须相顺。若所用之因不唯不能成立此宗，反能成立相反之宗，如是者名为比量相违。如说"瓶是常（宗），所作性故（因）"，此因不唯不能成立"声常"，反可以成立声无常，又如说"人是不死之物（宗），是生物也（因）"，其因反能成立"人是会死之物"之宗。

比量相违亦有全分一分别。上举两宗皆是全分相违。如说："木石皆是不死之物（宗），以无生命故（因）。"石是不死之物，木则非是，故是一分相违。

（戊四）自教相违

"自教"者，立论者自己学派之主张及自己个人原来之主张。若所立宗与此等主张相违，则将自陷相矛盾之境，此类宗名曰自教相违宗。如胜论师原本主张声是无常，今立"声是常"宗，便是自教相违。又如佛教本主张"诸行无常"，今若立宗言"诸行是常"，亦犯自教相违。

自教相违亦有全分一分之别。本节前举两宗皆是全分自教相违。如佛教徒立宗云"诸行及涅槃皆是常住之法"宗，则犯一分自教相违，以佛家主张诸行是无常故。

（戊五）世间相违

立论者立宗必在一定之地区。而所立之宗违反当地之风俗习惯及众人共信之传说，便有"世间相违"之过。例如印度古代有一外道，将人顶骨串成饰物，人皆以为不净。此外道乃立比量；"人顶骨净，众生分故，犹如螺贝。"其宗即犯世间相违（此量之因、喻亦有过，然非今所论）。又如古人皆信太阳每日皆从东方升起西方没，而有人立宗说"太阳不从东方升西方没"，亦犯世间相违，而为社会人士所斥责。

在为他比量中，立宗以违他顺自为定则，世间相违宗岂非违他顺自乎？何故又说为似宗耶？此又不然。违他顺自乃对敌论者说，世间相违则对立论者所处的社会而言。二者表面相似而实不同。若彼此对辩而欲避免世间相违过失，可加"简别语"。如古代印度人普遍相信月中之阴影是兔，而立论者欲从科学之立场否定月中有兔而避免世间相违之过，则应云"从科学观点看月中无兔"，有"从科学观点"一简别语，则不惟无世间相违之过，且能引导敌者检查立论者研究之结果加以批评也。

世间相违亦有全分、一分之别。如前说"月中无兔"，是全分世间相违。答说"日、月中皆无兔"，则是一分相违也。

前已言之，三支之排列有二种方式：（一）归纳式，即先宗，次因，又次为喻；（二）演绎式，即先喻，次因，又次为宗。运用归纳式时，通涂只说出同异喻依便可；喻体可以省略，盖既举喻依，则喻体便可想象而得也。唯喻依则不能省，以是所依之事实故。

（戊六）自语相违

立论者所立宗前后矛盾，名曰自语相违。凡立宗，前后陈必须依顺，当说"S是P"时，P必须依顺S而为S所属主义类，如说"声是无常""白马是马"等。如有人说"我母是石女"（不能生育之女子），或"一切言皆是妄"等，则后陈便非前陈所属之义类而与前陈相反，而犯自语相违。前宗既说"我母"，明知是有子女之人，再说是"石女"，便又许其不能生育，便是自相矛盾。后宗"一切言皆是妄"，若许此"一切言皆是妄"之言不妄，则"一切言"中有一分不妄，便违有法"一切"之言，而有一分自语相违之过。

陈那所说五种过失，其著处在指出组成后之宗有（一）违反事实，或（二）违反理论，或（三）违反自己学说，或（四）违反世间信仰，或（五）违反自己言语等五种矛盾，与宗之组织无关。下所述天主所指出之四种过失，则是指明宗支组织上之过失。

（戊七）能别不极成

"能别"即宗之后陈。立论者所立宗之后陈必须立敌共许。若后陈不共许，便是能别不极成。如佛弟子对数论师立"声是坏灭"，就犯此过。因数论师认为一切事物皆由自性转变而来，"有"可转变为无，"无"可转变为有，有转变而无坏灭，即世上无有"坏灭"一事。故声只有转变，但不坏灭。故此宗犯能别不极成过。又如一神论者对佛教徒立"万物是独一的真神所造"，亦犯此过；以佛教徒不许有神所造之物故。

能别不极成亦有全分、一分之别。上所举两宗皆是全分能别不极成。如有人立"癫痫出于鬼祟及神志不清"宗，则为一分能别不极成也。

此种不极成之能别，若加简别语，便可避免有过。

（戊八）有法不极成（亦名所别不极成）

立论者所立宗之有法亦应为立敌所共许。如不共许，即犯有法不极成过。如数论师对佛教徒立"我是思"宗，有法"我"，佛家不许，故犯"有法不极成"过。又如耶教徒对唯物论者立"真神之审判是公平正直的"宗，唯物论人不许有真神之审判，故亦犯有法不极成过。

有法不极成亦有全分、一分之别。上举两例俱是全分所别不极成。其一分所别不极成者，如一信鬼之人对一不信鬼者立宗云"人与鬼皆是实在之物"，有法中一分"人"是立敌共许，另一分"鬼"则非共许，故犯一分有法不极成过。

（戊九）俱不极成

俱不极成者，有法与能别俱不为立敌所共许，即一个宗而兼有前述两种过失者。如胜论师对佛教徒立"我是诸德和合之因缘"宗，有法之"我"及"和合因缘"之能别皆非佛家所许，故犯俱不极成之过。何以故？胜论宗将六个句义（范畴）统摄宇宙万有：一、实（实质），二、德（属性），三、业（作用），四、大有（能令万物不无之原理），五、同异（能令万物有同有异之原理），六、和合（能令万物和合之原理）。其中之"和合"句能使"德"中之觉、乐、苦、欲、瞋、勤、勇、法、非法等九种德与实中之"我"相和合。但必须有"我"然后"和合"始能令此诸德与"我"合；故我是和合之因缘（原因）。佛家既反对有我，亦反对有和合之因缘（佛家虽说因缘，但义与此别）也。如一信有灵魂及信有天国之人对唯物论者立"善人之灵魂死后将归天国"宗，亦犯俱不极成。

俱不极成亦有全分一分之分。前举两例皆是全分俱不极成。一分俱不极成者：例如一信有齐天大圣及信当时佛祖仍在灵山之人对一历史家说："齐天大圣及玄奘法师皆是唐朝人且曾于当时朝见佛祖"；有法之一分"齐天大圣"及能别之一分"于当时朝见佛祖"皆非历史家所许有，便是俱不极成。

（戊十）相符极成

相符极成是关于宗体之过失。在为他比量中，宗依必须共许，但宗体则必须不共许。若宗体而立敌共许，便非对敌申宗。故所立之宗而立敌双方承认，便犯相符极成之过。如说"声是所闻"是。又如一佛教徒对一讲辩证法唯物论者说"世界上一切现象皆不断变化"，亦犯相符极成。

（丁二）因过分十四：戊一、因过之种类，戊二、两俱不成，戊三、随一不成，戊四、犹豫不成，戊五、所依不成，戊六、共不定，戊七、不共不定，戊八、同品一分转异品遍转不定，戊九、异品一分转同品遍转不定，戊十、俱品一分转不定，戊十一、相违决定，戊十二、能别自相相违，戊十三、有法自相相违，戊十四、废立。

（戊一）因过之种类

因过有十四种，区分为三群：（一）由违反因三相中之"遍是宗法"产生四种不成过，（二）由违反因三相中之"同品定有"或"异品遍无"而产生六种不定过，（三）于三相中之"同品定有"及

"异品遍无"并皆违反而产生四种相违过。

在下述论式中：

甲是乙（宗）

是丙故（因）

"是丙故"是因。若此因与有法甲全无关系，或只有一部分关系，则此因违反三相中之遍是宗法一相，而不能成立彼宗，其过失名为"不成"。

在上述论式中，"丙"与有法"甲"之关系总有五种：

（一）因"丙"为有法"甲"之一部，如图1；

（二）有法"甲"为因"丙"之一部，如图2；

（三）"因"丙与有法"甲"完全等同，如图3；

（四）因"丙"与有法"甲"有一部分相合，如图4；

（五）因"丙"与有法"甲"全无关系，如图5；

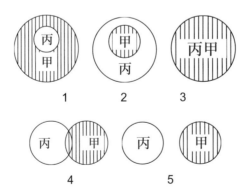

在上五种情形中，唯第（二）、第（三）种情形之因具备"遍是宗法"之条件；其余三种皆因不具此相而不能令"甲是乙"之宗成立。

不定及相违两类因过，将于稍后论之。

（戊二）两俱不成

两俱不成者：立、敌两方皆不认为该因遍于有法，亦即有法非因同品。立敌两方皆不认为此因属于上节第（二）及第（三）两种情形，如说：

声是无常，（宗）………（1）

眼所见故。（因）

立敌两方皆不许声音可用眼见，故此因全不遍于有法。又如说：

人为万物之灵，（宗）………（2）

能飞翔空中故。（因）

又如说：

声是无常，（宗）………（3）

眼所见耳所闻故。（因）

皆是两俱不成。

两俱不成过有全分、一分之别。如上所举第（1）（2）例，即是全分两俱不成，第（3）例即一分两俱不成。

（戊三）随一不成

随一不成是对于因之是否周遍于有法，立、敌所见不同之似因。或则立者认为不周遍，或则敌者以为不周遍，皆属随一不成。前者名自随一不成，后者名为他随一不成。如胜论师对声显论立量云：

声是无常，（宗）

所作性故。（因）

声显论不许声由造作而生，故是随一不成。

又如唯物论者对基督教徒立量云：

恶人将呻吟于未来之苦恼，（宗）

受神罚故。（因）

唯物论者不许有神，故"神罚"之因，是自随一不成。此例如属基督教徒所立，则对唯物论者有他随一不成过。

随一不成亦有全分、一分之别。如性善论者对性恶论者云：

人性应任其自然发展，（宗）

以是善故。（因）

此是全分他随一不成。如为对主张人性中有善又有恶者立此量，则是一分他随一不成。余可类推。

（戊四）犹豫不成

犹豫不成者：犹豫即疑惑。为所陈之因是否遍于有法尚未能确定，则此因不能尽其成立宗义之任务而有过。此过名曰犹豫不成。如人远见有物上升，为云、为雾、为尘、为烟，尚未判定，而贸贸然说：

彼处有火，（宗）

以有烟故。（因）

此即犯犹豫不成之过。

（戊五）所依不成

因明中之因应是宗中有法之属性。属性必依附于事物之上。故因为能依，有法为所依。如立论者所立量中之有法非极成之有法，则其因便有"所依不成"之过。换言之，即当所立宗有"有法不极成"过时，因同时有"所依不成"之过。如胜论师将宇宙万有分为六个范畴，名六句义：一、实（实质），二、德（属性），三、业（作用），四、大有，五、同异，六、和合。实句义中有地、水、火、风、空、时、方、我、意，共九种。德句义中有色、味、香、触、数、量、别性、合、离、声……共二十四种。胜论师认为二十四种德中之数、量、别性、合、离、声等六德须依实句义中之空句（虚空）乃可存在，即虚空为数等六种德之所依。故立量云：

　　虚空实有，（宗）

　　德所依故。（因）

　　此量对承认有虚空其物之学派或无过失。但对于不承认虚空为实有之"无空论"者如经部等，则犯有法不极成之过。有法不极成，则因无所依而有"所依不成"过。又如有鬼论者对无鬼论者立量云：

　　鬼是实有之物，（宗）

　　有形体故。（因）

　　依同理，亦犯所依不成过。

　　以上四过，皆由违反因三相中之"遍是宗法"一相而生。

　　（戊六）共不定

　　不定过有六种。其中前五种是由于违反因三相中"同品定有"及"异品遍无"任一相而生。兹先论前五种。

　　因与宗同品必须具有关系，同时与宗异品必须全无关系（参考前述九句因）。设不如此，所用之因于宗同品固有关系，而同时于宗异品亦有关系（违反"异品遍无"相）；或于宗异品固无关系，而同时于宗同品亦无关系（违反"同品定有"相）；则此因可成此宗，亦可成彼相反之宗，或此宗彼宗俱不能成立。故名不定。

　　前五不定过者：（一）共不定，（二）不共不定，（三）同品一分转异品遍转不定，（四）异品一分转同品遍转不定，（五）俱品一分转不定。

共不定即是九句因中之第一句，"同品有异品有"违反因三相中之"异品遍无"一相。宗同品及宗异品共有此因，故称为共。如有人立量云：

声是常住之物，（宗）

是认识之对象故。（因）

如虚空等（同喻），如瓶等（异喻）。

又如说言：

鲸是哺乳类，（宗）

是动物故。（因）

如人等（同喻），如蚯蚓等（异喻）。

上述二比量中一切宗同品及宗异品皆有此因；皆如下甲或乙图：

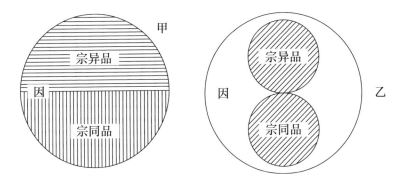

（戊七）不共不定

不共不定是九句因中之第五句，"同品非有异品非有"，违反因三相中之"同品定有"一相。宗同品及宗异品皆无此因，故名不共。如立量云：

声是常住之物，（宗）

所闻性故。（因）

如虚空等（同喻），如瓶等（异喻）。

除声以外，宗同品及宗异品中皆无所闻之物，故"所闻性"因与宗同品、宗异品皆不相通，此因之能否成宗，便在不可知之数；故曰不共不定。如下图：

又如量云：

人是生物，（宗）

是理性动物故。（因）

如兽类等（同喻），如矿物等（异喻）。

亦犯同一过失。

（戊八）同品一分转异品遍转不定

同品一分转异品遍转（简称"同分异全"。"转"是"具有"之意）。即是九句因中之第七句，"同品有非有异品有"，亦是违反因三相中之"异品遍无"一相。宗同品之一部分具有此因，似可证成宗义；然宗异品之全部皆有此因，似又证成其相反之宗，故有不定之过。如立量云：

内声（人身所发出的含有意义的声）非勤勇无间所发，（宗）

无常性故。（因）

如电空等（同喻），如瓶等（异喻）。

宗同品中电等具有"无常性"因，空等无"无常性"因；故是同品一分转。宗异品之瓶等却全部具无常性，故是异品遍转。所比之内声为如瓶等是无常性故，而是勤勇无间所发耶？为如电等是无常性故，而非勤勇无间所发耶？莫能证实，故是不定。又如量云：

人非动物，（宗）

是生物故。（因）

如草木土石等（同喻），如鸟兽等（异喻）。

宗同品中之草木等是生物，土石等非生物，故同品一分转；宗异品鸟兽等全是生物，故异品遍转。

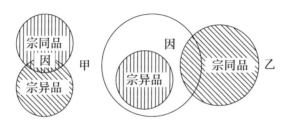

（戊九）异品一分转同品遍转不定

异品一分转同品遍转（简称异分同全）是九句因中之第三句，"同品有异品有非有"，亦违反因三相中之"异品遍无"相，宗同品全具有因，似可证成宗义；然宗异品中有一部分亦具此因，又似可证成其相反之宗，故为不定，与前过同。如立量云：

声是勤勇无间所发之物，（宗）

以是无常之物故。（因）

如瓶等（同喻），如电、虚空等（异喻）。

上比量中，所有宗同品中有具有因，故名同品遍转。宗异品中如电等是无常之物，虚空等则非无常之物，故名异品一分转。如图甲或乙：

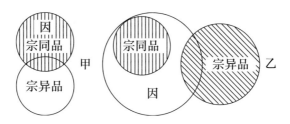

又如比量云：

人是动物，（宗）

是生物故。（因）

如牛羊等（同喻），如草、石等（异喻）。

亦犯此过。

（戊十）俱品一分转不定

俱品一分转相当于九句因中之第九句，"同品有非有异品有非有"，违反因三相中之"异品遍无性"相，宗同品、宗异品各有一部分是因同品。如立量云：

声是常住之物，（宗）

无质碍故。（因）

如虚空、极微等（同喻），如瓶、乐等（异喻）。

宗同品中一部分如虚空等无质碍，另一部分极微等有质碍，故同品一分有此因转。宗异品中一部分如瓶等有质碍，另一部分如乐等无质碍，故异品一分有此因转。同品、异品合名俱品也。其关系如下图：

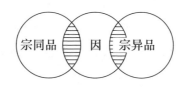

又如量云：

人是黄色之物，（宗）

是动物故。（因）

如黄牛、黄花等（同喻），如白石、白羊等（异喻）。

其因亦犯此过。

（戊十一）相违决定

前五种不定过皆在九句因中，相违决定过则与九句因无关。立者主张"甲是乙"成，敌者主张"甲非乙"，两宗相违，而立敌所举之因各具三相在其比量内，皆能决定立宗义；换言之，即是两因各自决定成立相违之宗；故名相违决定。如说声无常之胜论师对声常住论之声生论师立比量云：

声是无常之物，（宗）

所作性故。（因）

如瓶等。（同喻）（异喻惟作止滥之用，可缺。）

上述比量中所举之因，具备三相，全无过失。然声生师及胜论师共许现实的可闻的声音之中别有"声性"（声音与声音间性质相同及与其他事物性质相异之特性）。又共许此声性是可闻而常住；即立敌两家皆许声性可闻而常住，惟立者说声音是无常，敌者则说声音是常，故声生师针对胜论师而立量云：

声是常住之物，（宗）

所闻性故。（因）

如声性。（同喻）

此量与胜论对辩时三相无缺，决定能成所立之宗。（用以对佛家等则为有过，以佛家不许于声音之外别有常住之声性故。）

在发生如是立敌矛盾时，应以世间现量断其是非。上二相违量中，依世间现量明明以胜论师为胜也。若在同教派中而起争论，则以教义为标准也。若现量与教义皆不能决，则宜以同喻依多少为标准，同喻依多者为胜。如有一立量云：

虞舜非贤人，（宗）

是瞽叟（舜之父，有恶德）之子故。（因）

如象（舜之弟，有恶行）（同喻），如禹、汤、文王、武王等（异喻）。

此量三相无缺。另一人作相违量云：

虞舜是贤人，（宗）

仁民爱物故。（因）

如禹、汤、文王、武王等（同喻），如桀、纣等（异喻）。

或立相违量云：

虞舜是贤人，（宗）

是大孝故。（因）

如闵子骞、曾参等（同喻），如杨广等（异喻）。

前后三量相较，则后二量为胜也。

然相违决定，在为他比量中容或有之，在为自比量中则不存在也。（以上参考陈大齐《印度理则学》及吕澂《因明入正理论讲解》。）

（戊十二）能别自相相违（法自相相违）

立论者所举之因若缺少"同品定有"及"异品遍无"二相，则不惟不能成立所欲成立之宗，反能成立相反之宗；如是之因，名相违因。（前举之不定过，只于此二相中随缺一相，今则二相俱缺。）

相违有二：一、能别自相相违，二、有法自相相违。

于解释相违过之前，须先了解"自相"及"差别"两名词在此处之特殊意义与前此所指者不同。此处所谓"自相"，是指一名词表面所陈述之意义；所谓"差别"，乃指表面意义以外立者人意中所暗含藏之意义。前者为言上所陈，后者乃意中所许。有法及能别各有言陈的自相及意许的差别。

能别自相相违（原名法自相相违。能别亦名为"法"。本书为统一用语，一向称为能别），即是所用之因非正因，不能成立己宗，反足以成立与己宗之能别之自相相违之宗，相当于九句因中第四句同品非有异品有，或第六句同品非有异品有非有。

如声生论者立量云：

声是常住之物，（宗）

所作性故（或勤勇无间所发性故）。（因）

如虚空等（同喻），如瓶等（异喻）。

"所作性"或"勤勇无间所发性"因在宗同品虚空等中无，在宗异品中有，违反因之"同品定有"及"异品遍无"二相。立论者之言陈本欲成立声常，而其因反足以成立声是无常之物，故此因是"能别自相相违"之因也。又如人立量云：

人是不死之物，（宗）

是生物故。（因）

如土石等（同喻），如鸟兽草木等（异喻）。

亦同犯能别自相相违过。

（戊十三）有法自相相违

有法自相相违者：所用之因与自所欲立宗之自相（言陈）相违反之过失。如胜论祖师鸺鹠对弟子五顶立三比量云：

（一）有性非实，（宗）

有一实故。（因）

如同异性。（同喻）

（二）有性非德，（宗）

有一德故。（因）

如同异性。（同喻）

（三）有性非业，（宗）

有一业故。（因）

如同异性。（同喻）

此三比量合书为一，则为：有性非实，非德，非业（宗），有一实故，有德、业故（因），如同异性。胜论宗将宇宙万有纳入六句义范畴中：一、实，谓实质。二、德，谓属性。三、业，谓作用。四、有性（或大有），谓令人知实、德、业存在之原因。（注意：胜论师以"有性"为实、德、业之外独立之物。若无有性则吾人不能知有实、德、业之存在。又此有性以一一实、一一德、一一业为所依，故吾人知有一一实、一一德、一一业之存在。）五、同异性，谓令人知万物有同有异之原因。六、和合，谓令实、德、业、有性、同异性在同一对象上不分离之原因。此六句义中，有性使人产生"有"之了解，而同异性使人产生"同异"之了解；然二者皆有一一实、一一德、一一业为所依而非实、非德、非业；此为二者共同之点。故鸺鹠得引同异性为同喻以证有性之非实也。此三比量，胜论师以为三相具足，可以无过。然其因（有一实故，有德业故）除能成立有性非实、非德、非业之外，复可成立"有性非有性"。因此佛家立量破之云：

汝所言之有性非有性，（宗）

有一实故，有德、业故。（因）

如同异性。（同喻）

（戊十四）废立

《因明入正理论》等中，相违因共有四种，即除法自相相违及能别自相相违之外，别有法差别相违及有法差别相违二种。然有法与能别必须立敌共许，只须此二者之自相义能成立，则不须追究其差别义之问题。差别义为自相义之所涵摄，若立敌双方对于自相之差别发生歧见，则只在两种情形有之：（一）自相本非立敌共许，（二）自相本已共许而问题之发生不在此因，而须向另一问题研讨。故法称废此二。今从之。

（丁三）喻过分十：戊一、能立法不成，戊二、所立法不成，戊三、俱不成，戊四、无合，戊五、倒合，戊六、所立不遣，戊七、能立不遣，戊八、俱不遣，戊九、不离，戊十、倒离。

（戊一）能立法不成（喻过第一种）

喻过有十种：一、能立法不成，二、所立法不成，三、俱不成，四、无合，五、倒合，六、所立不遣，七、能立不遣，八、俱不遣，九、不离，十、倒离。前五种为同喻过，后五种为异喻过。

能立法不成者："能立"指因而言；以"因"是所立宗之能立，又是宗之法（遍是宗法，法谓属性），故名"能立法"。"能立不成"，即言其同喻依不具有为因之义。同喻依助因以成立宗，故必须同时是因同品及宗同品。若所举之同喻依只是宗同品而非因同品，则不能收助因成宗之效，故为过也。如声论师对胜论师立比量云：

声是常住之物，（宗）

无质碍故。（因）

若无质碍，见彼是常；犹如极微。（同喻）

声论师执声是常，而胜论则认为声是无常。声论师立"无质碍"因；此因立敌两方共许。然声论以"极微"为同喻依。极微者，古代印度多数学派（包括声论及胜论）所共许之物质最小单位，是常住而有质碍之物。今以极微为同喻依；极微是常住，是宗同品；极微有质碍，非因同品。故此喻依有"能立不成"之过。

又如有人立比量云：

人是有死之物，（宗）

是动物故。（因）

若是动物，皆是有死之物；如草木等。（同喻）

此量中之同喻依"草木"是宗同品，但非因同品，有过同前量。

（戊二）所立法不成（喻过第二种）

所立法不成者：宗是"所立"。宗中之后陈是宗中之法，名"所立法"。同喻依必具有为宗中法之义（属性），即必须是宗同品。若所举之同喻依虽是因同品，却非宗同品，则为有过；其过名为"所立法不成"。如声论师对胜论师立比量云：

声是常住之物，（宗）

无质碍故。（因）

若无质碍，见彼是常；如觉。（同喻）

"觉"是心、心所法之总名。"觉"无质碍，具有能立法之义，是因同品。然"觉"非常住之物，故不具所立法"常住"之义，非宗同品。故以觉为同喻依，便有"所立法不成"之过。

又如有人立比量云：

人是黄色之物，（宗）

是动物故。（因）

若是动物，见皆黄色之物；如白羊等。（同喻）

白羊是因同品，但非宗同品，故此喻依有过同前。

（戊三）俱不成（喻过第三种）

俱不成者：即其同喻既是能立法不成，又是所立法不成也。然俱不成复有二种：（一）有体俱不成，（二）无体俱不成。有体俱不成者，所举之同喻依既非宗同品，亦非因同品，而立敌共许其存在。如云：

声是常住之物，（宗）

无质碍故。（因）

若无质碍，见彼是常；犹如瓶等。（同喻）

瓶等既非无质碍之因同品，又非常住之宗同品，故有俱不成过。

又如人立量云：

人是生物，（宗）

是动物故。（因）

若是动物，见皆是生物；如土石等。（同喻）

同喻依"土石"既非动物，亦非生物，犯俱不成过。

（戊四）无合（喻过第四种）

前三过皆同喻依之谬误，后二过则是同喻体之谬误。后二过之一为"无合"。无合者：其同喻体因同品与宗同品并列而未能表出二者属着不离之关系也。盖凡因同品必须是宗同品（剔除有法后），如下甲图或乙图：

甲图（因同品 宗同品）　　乙图（因同品 宗同品）

若只并列因同品、宗同品，则不能表上述二图之关系。如有量云：

声是无常之物，（宗）

所作性故。（因）

如于瓶见所作性及无常之物。（同喻）

此量之喻体只将所作性与无常物并举而一若无关系者，均犯"无合"之过。正确之喻体应与"若是所作，见皆无常"，必如此方能表出上两图之关系也。

又如量云：

人是生物，（宗）

是动物故。（因）

如于牛见动物与生物。（同喻）

此量之同喻体，有过同前。

（戊五）倒合（喻过第五种）

因同品与宗同品之关系为"因同品必须全是宗同品"（剔除有法），如上节（戊四）中甲、乙二图，故用言词表示，则应为"若是因同品，见皆是宗同品"；即因同品在前，宗同品在后，如说"若是所作性，见彼是无常之物"，方合次序。今若颠倒其次序，而说"若是无常之物，见彼是所作性"，即为倒合。

又如量云：

人是生物，（宗）

是动物故。（因）

若是生物，见皆是动物。（同喻）

同前有无合过。

（戊六）所立不遣（喻过第六种）

所立不遣者："所立"，"所立法"之略称。"遣"谓遮遣，离开或排斥之义。异喻依应同时是宗异品及因异品。今所立法不遣，异喻依只是因异品而非宗异品，故犯所立法不遣之过。如立量云：

声是常住之物，（宗）

无质碍故。（因）

诸非常住之物，见彼质碍；如极微。（异喻）

异喻依"极微"有质碍，是因异品，与能立法"无质碍"远离，可成立；然极微是常，是宗同品，与所立法不离，故犯所立不遣之过。

又如量云：

人是生物，（宗）

是动物故。（因）

凡非生物，见非动物；如松柏等。（异喻）

有过同前量。

（戊七）能立不遣（喻过第七种）

能立不遣者："能立"是"能立法"之简称。若异喻依只是宗异品而非因异品，即异喻依不能离能立法，而犯"能立不遣"之过。如声论师对胜论师立量云：

声是常住之物，（宗）

无质碍故。（因）

诸非常住之物，见彼质碍；如业。（异喻）

声论、胜论共许业非常住之物，业是宗异品。但两方皆不许业有质碍，故业非因异品，故此异喻依——业——有"能立不遣"之过。

又如人立量云：

人是黄色之物，（宗）

是动物故。（因）

若非黄色之物，见皆非动物；如白羊等。（异喻）

量中喻依白羊等非黄色之物，是宗异品；白羊是动物，非因异品；故是能立不遣。

（戊八）俱不遣（喻过第八种）

俱不遣者：若异喻依既非宗异品，亦非因异品，与异喻依所须之条件全相违反，即兼具所立不遣与能立不遣二过。如声论师对萨婆多部（佛教小乘有宗）立量云：

声是常住之物，（宗）

无质碍故。（因）

若非常住之物，见彼质碍；如虚空。（异喻）

萨婆多许虚空常住，且无质碍。故此异喻依"虚空"，既非宗异品，亦非因异品，有俱不遣过。

又如人立量云：

人是生物，（宗）

是动物故。（因）

若不是生物，见皆非动物；如牛等。（异喻）

"牛"既是宗同品，又是因同品，故同前有俱不遣过。

（戊九）不离（喻过第九种）

前三过皆异喻依之过失。此及下一过则是异喻体之过失。

不离者：异喻体之职务在于分离宗异品与因同品，以示无宗同品处决定无因同品。若只双举宗因二种异品而不明示其关系，则为有过，过名"不离"。如声论师对萨婆多立量云：

声是常住之物，（宗）

无质碍故。（因）

如瓶，见无常物与有质碍性。（异喻）

又如人立量云：

人是生物，（宗）

是动物故。（因）

如土石等，若非生物非动物。（异喻）

亦犯不离之过。

（戊十）倒离

宗异品与因同品之关系为"宗异品必须全非因同品"，如图：

若用言词表示，应为"若是宗异品，见皆非因同品"，且宗异品在前，因同品在后；如说：

声是无常之物，（宗）

所作性故。（因）

若非无常之物，见非所作性；如虚空等。（异喻）

量中之异喻方合次序。今若颠倒其次序，而说"若非所作性，见彼非无常之物"，则为倒离。

又如量云：

人是生物，（宗）

是动物故。（因）

若非动物，见非生物；如土石等。（异喻）

亦同此过。

（乙二）修行方法分三：丙一、修行之根机，丙二、修行历程，丙

三、五重唯识观。

（丙一）修行之根机——大乘二种种性

修行人要具大乘二种种性方能于五位中渐次修行，证得佛果。

一切有情，无始时来，本然有五种性，（一）声闻种性，（二）独觉种性，（三）菩萨种性，（四）不定种性，（五）无种性。声闻种性人生命中唯具有证得阿罗汉果之生空无漏智种子。独觉种性人唯具证独觉果之生空无漏智种子。此二种性之有情，唯断烦恼障，证生空真如，各得自乘之果。菩萨种性人唯具证佛果之生法二空无漏种子。此种性有情，兼断烦恼、所知二障，证二空真如。不定种性人有四类别：（一）具菩萨、声闻二性，（二）具菩萨、独觉二性，（三）具声闻、独觉二性，（四）具声闻、独觉、菩萨三性。无性有情不具三乘无漏种子，唯有有漏种子，不能断烦恼、所知二障，但修世间善业，受人、天有漏果报。

言大乘二种种性者，在上述五种种性中，一属菩萨种性及不定种性之一部分有情（除去"（三）具声闻独觉二性"者），无始以来具有证得佛果之本有无漏种子，而未遇善友为说正法，乃至未发大菩提心，是名本性住种性。既发心后，多闻正法，修习佛果因行，熏习有漏闻、思、修慧，由熏习力，令彼本有无漏种子势力增长，是名习所成种性。具此本性住及习所成二种种性者，乃能于五位中修行证果也。

习所成种性菩萨复有二种：一者，直往菩萨，第八识中唯有菩萨法尔无漏种子，不须先修声闻、独觉乘行，直入大乘行位。二者，回入菩萨，无始以来第八识中兼具声闻、独觉无漏种子，故先修二乘行，证声闻、独觉果，然后回心向大始入大乘初位。

（丙二）修行历程分五：丁一、资粮位，丁二、加行位，丁三、

通达位，丁四、修习位，丁五、究竟位。

（丁一）资粮位

从初发菩提心起，至暖等四加行智生起之前，名资粮位。言资粮者，意谓资益身心之粮食。此位菩萨，信解唯识道理，发求大菩提之心，谓趣无上菩提，具修福、智二种资粮，故名资粮位。言福智者：六度、四摄、四无量等中之以慧为性者名智，余皆名福。有大乘种性之人，内具慈悲、智能，外逢良师益友，始闻正法，思流转之可厌，愍含识之多艰，便能发起求大菩提之愿，名曰发心。言"发心"者，具含四义：（一）广大心；谓一切众生之类，若卵生，若胎生，若湿生，若化生，我皆令入无余涅槃而灭度之。（二）至极心；如有众生未入无余涅槃，我终不停止化度工作。（三）最胜心；令诸众生皆入无余涅槃，而非其他之满足。（四）无颠倒心；菩萨虽度无量众生，而知实无众生得灭度。（见《能断金刚般若经》）。又此发心，非泛尔起念，后便停息；其界限由资粮位开始乃至佛地，恒时发起，依修行者修养之浅深，发心之相有二十二种：

（一）与欲心所相应之发心，是最初最浅之发心，为一切净法之所依处，犹如大地，能承载生长万物。

（二）与意乐相应之发心，乃至得大菩提而不改变，犹如纯金。言"意乐"者，以信、欲、胜解三法为体。乃比欲更强的意志。

（三）与增上（强烈的）意乐相应之发心，能增长一切善法，犹如新月。新月只一弯光线，但能逐日增长至于盈满也。

以上三者依次为资粮位下、中、上品之发心。

（四）与大菩提随顺加行相应之发心，能烧障碍菩提之薪柴，犹如猛火。此为加行位之发心。

（五）与布施相应之发心，能满足众生心愿，犹如宝藏。初地发心。

（六）与持戒相应之发心，是一切功德之生源，犹如宝源（宝矿）。第二地发心。

（七）与安忍相应之发心，虽遇不如意境而不为所扰乱，犹如大海。第三地发心。

（八）与精进相应之发心，邪魔外道不能破坏，犹如金刚。第四地发心。

（九）与静虑相应之发心，散乱（心所）所不能动，犹如山王。第五地发心。

（十）与般若相应之发心，能除二障（所知障、烦恼障）重病，犹如良药。第六地发心。

（十一）与方便相应之发心，不舍利他，犹如善友。第七地发心。

（十二）与大愿相应之发心，如愿成办，犹如如意宝珠。第八地发心。

（十三）与力相应之发心，能成熟所化有情，犹如日轮，照耀大地，令万物生长成熟。第九地发心。

（十四）与妙智相应之发心，能以爱语调伏所化有情，犹如歌声。第十地发心。

般若波罗蜜多有广狭二义。广义的般若波罗蜜多包括根本智与后得智，狭义的则唯指根本智。上文第六地与般若相应之发心是指狭义的般若根本智。由第七地方便相应之发心至第十地妙智相应之发心，专指后得智。根本智无名言（概念），后得智有名言。无名言则不能发语，故说法度生必藉后得智。《现观庄严论》依《解深密》，将后得分为方便、大愿、力、妙智四波罗蜜多。

（十五）神通相应之发心，势力无碍，能随意自在，犹如国王。

（十六）二资粮（福德智能二资粮）相应之发心，具足无量福德、智能资粮，犹如仓库。

（十七）三十七菩提分相应之发心，三世诸佛皆行此道，犹如大路。

（十八）悲及毗钵舍那相应之发心，由大悲故，不滞涅槃，由具能观之智慧故，不堕生死，犹如车乘（二马所引的车）。

（十九）总持辩才相应之发心。总持即陀罗尼之意译，能忆持一切诸法相，及能持明咒以加持众生，并与辩才相应，犹如泉。

以上五种皆属第八、第九、第十，三清净地之发心。

（二十）四法嗢柁南相应之发心。嗢柁南意译为摄颂；又译为集施颂，谓集合诸法，施诸众生也。四嗢柁南谓：（一）诸行无常，（二）诸法无我，（三）涅槃寂静，（四）有漏皆苦。发扬众生解脱生死之妙音，犹如雅音。此是佛地之发心。

（二十一）唯一共道相应之发心。三世诸佛唯一共道，谓为饶益众生说般若波罗蜜多，等无有异，犹如河流，同一味水性也。

（二十二）法身相应之发心，能示现住知足天及从彼处下生人间，犹如大云。

以上三种为佛地之发心。

以上二十二种发心，其界限为后后必兼前前；非说有后一种发心便舍弃前一种也。

此位菩萨，于发菩提心后，历十住、十行、十回向三阶段，乃于十回向之满心之际转入加行位。言十住者：十乃圆满之数。住者立也。谓创始修行，信心坚固，学修六度，虽未殊胜，然心极坚住，无动转也。十行者：行谓进趣。修行六波罗蜜多，渐趣殊胜，于佛所说种种教授，尽能如说行也。十回向者：谓所修六度，四摄等行，与一切有情平等共有，不作他求，全都回向无上正等菩提也。古人往往将十住等之"十"字配以十事，今谓所修之行何止十事，硬配十事反嫌烦琐；今简释之如上。

又复应知，此位菩萨，由四种力，已能深信唯识道理。所谓四种力者：（一）因力，谓具大乘种性；（二）善友力，谓已逢事无量诸佛；（三）作意力，谓已得一向决定胜解；（四）资粮力，谓已善集诸善根等。然以多住散心修福智行，止观力微，只能暂伏一分分别二障现行（因信邪教所起分别二障），于另一分由自邪思惟所起分别二障现行犹未能伏，对于二障种子更谈不上消灭。

（丁二）加行位

菩萨于十回向满心之时，转入加行位。言加行者，谓资粮已具，将入见道，乃于止观中加功修行也。此位中之"止"皆第四静虑。此位中之"观"智，则有暖、顶、忍、世第一法四位。且初暖位者：依明得定，发下品寻思，观凡夫能遍计心执为定实之所取境空。此所取境皆从虚妄心、心所法之所现起，体用都无，故皆空也。"明得定"者，乃从第四静虑中别开此名，谓在此定中初得唯识无境智明，故以名也。此位菩萨，初得无漏智火之"前相"，犹如钻木取火，暖为"前相"，故其观智名为暖也。次顶位者：依明增定，发上品寻思，重观所取境空。明相转增，故名"明增"，仍是第四静虑中别开之定名也。"顶"是极义，居上位义；有漏寻思，至此已登峰造极；故名为顶。譬犹钻木取火，热气上腾，无漏智火出不远矣。次忍位者：依印顺定，发下品如实智，先于所取境空决定印持；次于能取识空，亦顺乐忍可；次复印持能取识空。菩萨在此位中，印前所取无，顺后能取无，及印能取无，故其定名印顺定。"忍"者：印可，认知之义。此位之观智，能先后印可认知境识皆空,故名忍也。譬犹钻木取火,烟已发矣。次世第一法:依无间定,发上品如实智,双印所取境及能取识空。从此无间,必入见道,故名其定曰无间定。此位观智虽仍有漏,然于世间法,最胜、第一,故名世第一法。犹如钻木取火,无焰之火欻然流出;此火无间,发生猛焰,则喻见道时最初现行之无漏智也。

（丁三）通达位

世第一法无间,无漏智现前,现证真如,故名通达。菩萨入此位时,能伏第六识相应俱生烦恼障现行,永断分别二障种子。

见道有两重:（一）真见道,（二）相见道。真见道者:体离虚妄,故名为真。真见道时之无漏智名根本智。根本智起时,迫附于真如自体,能证之智与所证真如打成一片,无寻思分别,无名言（概念）,无诸相貌可得。此智初出现时,先断分别所起二障种子,及暂伏俱生二障种子令不现行,名无间道（与加行位无间而生）;随即证得由断伏二障而显现的真如自体,名解脱道。前后二道连接出现;又每一道起时虽历多刹那事方究竟,但以前后相似相续;故名"一心见道"。

真见道后,根本智沉没,代之而起者为后得智。后得智有分别,有名言（概念）,有相貌可得,名相见道。此智起时,由与其俱起之念心所之助力,现似真见道时之情况而模仿之,复用言说模仿其事将以悟他;非真证理,只是模仿;名相见道。相见道有两阶段;初模仿根本智实证真如时之状态而变起相分以次第表现之。（一）内遣有情假,（二）内遣诸法假,（三）遍遣有情诸法假。以前后续起有三,故名"三心见道"。三心相见道之后,又继之以十六心相见道,缘所观四谛境及能观四谛境之智,变起相分,次第加以分别,以便说法利他,如次表:

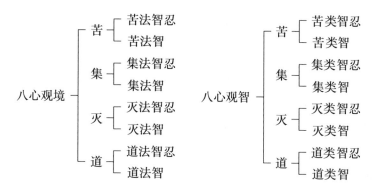

上表中，依后得智观所取境及能取智别列法、类各八种心，共十六种心。

初，苦谛有四心：苦法智忍，观三界苦谛为境，断迷苦谛之分别烦恼。"苦法"者：解说苦谛之经教。"智忍"及"智"者：修慧中之属无漏性者，能断烦恼；断一分烦恼便证一分解脱；断烦恼之阶段名无间道，证解脱之阶段名解脱道；表中"忍"指无间道，"智"指解脱道，"法忍"仿真见道中无间道之见分，"法智"仿真见道中解脱道之见分，"类忍"仿无间道之自证分，"类智"仿解脱道之自证分也。

（丁四）修习位

十地中第一极喜地有入、住、出三心。初入地心位为通达位，已如上说。从初地住心起至成佛前之金刚无间心止，此一极长之阶段，总名修习位。菩萨于见道时已断分别起二障种子，证唯识性（真如）。为断俱生起二障种子及其习气（此中"习气"二字作"所生之影响"解），证得菩提、涅槃二种转依，复数数修习无分别智（根本智），故名修习位，亦名修道。此位菩萨，经历十地，修十波罗蜜多，断十重障，证十真如，如《解深密经·地波罗蜜多品》说。今以其所修、所断境界距离吾人尚远，而吾人现前所亟须者则为积集初级福、智资粮、学习止观、速入初地，故于修习、究竟二位中事，暂不详述也。

（丁五）究竟位

菩萨于第十地满时，金刚无间道生起，永断二障种子；至解脱道，舍余有漏及劣无漏种子，证四智菩提及四涅槃果，即断烦恼障得涅槃，断所知障得菩提；此二果又名二种转依（转烦恼障得大涅槃，转所知障证无上觉。见《识论》十）。

言四智菩提者，体即无漏八识，约用分为四种心品。

（一）大圆镜智相应心品，此转有漏第八识聚所得，摄持一切无漏种子，能现佛果依正二报及余种种色像，穷未来际，如大圆镜影现众色。(二)平等性智相应心品，此转有漏第七识聚所得，无有我执，观自他有情平等，能随十地菩萨所乐示现他受用身、土。（三）妙观察智相应心品，此转有漏第六识聚所得，善能观察诸法自相、共相，摄藏无量陀罗尼门、三摩地门，于大众会中能起神通，转大法轮，断一切疑等。（四）成所作智相应心品，此转有漏前五识聚所得，为欲利乐地前菩萨及二乘、凡夫等，遍于一切世界，示现种种化业，成就本愿力所应作事。以上四智中，妙观、平等二智，通达、修习二位菩萨皆有一分证得。四智具足，名大菩提，唯究竟位，即佛果位。

四涅槃者，涅槃体即真如，但从四个角度观之，则有四涅槃之说，并非有四个涅槃，涅槃是一，角度不同则有四。从修养之不同，乃有四级也。（一）自性涅槃——自性谓本然而有。众生生命与宇宙万物皆真如所显现，故诸佛与众生皆同一体，乃至无情物亦同一真如体。(二)有余依涅槃——依者，精神所依的身体。身体是精神所依住处，故有余依即小乘人修四谛，从知苦、断集、修道、证灭，由初果乃至四果，成阿罗汉。此时本有的自性涅槃显现，名证涅槃。虽已证涅槃，却仍然有一残余身体存在。就此情况下，称此自性涅槃为有余依涅槃。直至此残身入灭之前，仍名有余依涅槃。此身体因前世业报而残存，仍有微苦，唯入定至第四禅时才无苦受。（三）无余依涅槃——在此残余的身躯灭后，个人的生命不复存在，唯有永恒的宇宙本质。就此情况，称为无余依涅槃。小乘有两种人，一种为定性小乘，修行至阿罗汉果位后入无余依涅槃而融归法性。另外一种则入有余依涅槃，直至肉身老死后，依愿力再起另一身体以修成佛之因，依山林修行，利用宿命通，观与何众生有缘，又以他心通观察有缘众生此时所处以救其苦等等，由此而修功德。此等阿罗汉虽能入无余依涅槃而不入，回心转向大乘。（四）无住处涅槃——既不住于众生有烦恼的有漏生死，又不住于无余依涅槃，故称为无住处涅槃。此类人即是大乘菩萨，他既不入涅槃，以救众生苦为主而修行，由初地至十地，具圆满功德而证大菩提，虽能入涅槃而不住于涅槃。以上四种涅槃中，凡夫与二乘有学，具初一；不定性二乘无学，有前二；定性二乘无学，有前三；直往菩萨，有第一、第四。具足此四种涅槃者，惟究竟位佛果。

（丙三）修行之实践分三：丁一菩萨学处，丁二、习定，丁三、五重唯识观。

（丁一）菩萨学处（校者按：原书阙略，罗先生未及补回，只留科判。）

（丁二）习定

欲求成佛，须藉无漏慧业。然无漏慧要从止观中培养出来。学人欲学修止，可随取《念安般经》，世亲之《六门教授习定论》，宗喀巴之《菩提道次第广论》等依之修习便得。

（丁三）五重唯识观

至于学习修唯识观，则总括经论要义而次第节目详明者，莫有过于窥基之"五重唯识观"者。兹将其所著《心经幽赞》上卷中有关于修观一段节录于下，借作本书之结论。

"今详圣教所说唯识，虽无量种，不过五重：（一）遣虚存实。观遍计所执唯虚妄起，都无体用，应正遣除；观依他、圆成诸法体实，二智境界，应存为有。如有颂言：'名事互为客，其性应寻思。于二亦当推，唯量及唯假。实智观无义，唯有分别三。彼无故此无，是则入三性。'遣者空观，对破有执。存者有观，对遣空执。今观空、有，而遣有、空；有、空若无，亦无空、有；以彼空、有相待观成，纯有纯空，谁之空、有。故欲证入离言法性，皆须依此方便而入。非谓空、有皆即决定，证真观位非有非空；法无分别，难思议故。说要观空方证真者，谓即观彼遍计所执我、法空故，入于真性；真体非空。此'唯识'言，既遮所执；若执实有诸识可唯，既是所执，亦应除遣。诸处所言一切唯识，二谛、三性、三无性、三解脱门、二无生忍、四悉檀、四嗢陀南、四寻思、四如实智、五忍观等，皆此观摄。（二）舍滥留纯。虽观事理皆不离识，然此内识有境、有心。心起必托境界生故，但识言唯，不言唯境。识唯内有，境亦通外；恐滥外故，但言唯识。又诸愚夫迷执于境，起烦恼、业，生死沉沦，不解观心勤求出离；哀愍彼故，说'唯识'言，令自观心，解脱生死；非谓内境如外都无。由境有滥，舍不称唯；心体既纯，留说唯识。故契经说：'心意识所缘，皆非离自性。故我说一切，唯有识无余。'余经复说三界唯心，制一处等，皆此观摄。（三）摄末归本。心内所取境界显然，内能取心作用亦尔。此之二法，俱依识有；离识体本，末法必无。《三十颂》言：'由假说我法，有种种相转；彼依识所变。此能变唯三。'《成唯识》说：'变谓识体转似二分，相、见俱依自证起故。'《解深密》说：'诸识所缘唯识所现。'摄相见末，归识本故。所说理、事，真、俗观等，多皆此观。（四）隐劣显胜。心及心所俱能变现。但说唯心，非唯心所。心王体胜，所劣依王。隐劣不彰，唯显胜法。故慈氏说：'许心似二现。如是似贪等，或似于信等；无别染善法。'无垢称言，随心垢净等。皆此观摄。（五）遣相证性。识言所表，具有理，事。事为相、用，遣而不取；理为性体，应求作证。故有颂言：'于绳起蛇觉，见绳了义无，证见彼分时，知如蛇智乱。'余经说心自性清净，诸法、贤圣皆即真如；依他相识根本性故。又说一谛、一乘、一依、佛性、法身、如来藏、空、真如、无相、不生不灭、不二法门、无诸分别、离言观等，皆此观摄。如是所说空、有、境、心、用、体、所、王、事、理五种，从粗至细，展转相推，唯识妙理，总摄一切，以闻、思、修所成妙慧而为观体，明了简择，非生得善。若欲界观，唯有闻、思；色界观中，通闻、修慧；无色界观，但修无余；无漏观修，义通前二。此诸唯识，从初发意四十心中，听闻思惟，但深信解，随所遇境依教思量，令彼观心渐渐增胜，未能修位观二取空；虽少入修，犹非正胜。于加行位，四等持中起四寻思，审观所取若名若义，自性、差别，假有实无，起如实智，于能取识，遍知非有。故圣慈尊教授颂言：'菩萨于定位，观影唯是心。义想既灭除，审观唯自想。如是住内心，知所取非有；次能取亦无。后触无所得。'此位菩萨虽得修观，犹带相故，未能证实。通达位中，无分别智于所缘境都无所得，理智既冥，心境玄会，有、空之相，时不现前，唯识真理方名证得。故本颂言：'若时于所缘，智都无所得；尔时住唯识，离二取相故。'证真识已，起后得智，方证俗识。《厚严经》言：'非不见真如，而能了诸行，皆如幻事等，虽有而非真。'至此位中，名达法界，住极喜地，生如来家，自知不久成无上觉。于修习位，修有差别：初四地中，真、俗唯识各各别证；于第五地，方少合观，然极用功，未常任运；至第七地，观真、俗识，虽得长时，而有加行；八地已上，无勉励修，任运空中起有胜行，至究竟位，虽更不修，念念具能缘真俗识。"